AF378710

COMPRENDRE

LA VIE DES ANIMAUX

Texte original de Mark Lambert
Adaptation française
de Étienne Léthel

Gründ

Adaptation française de Étienne Léthel
Texte original de Mark Lambert

Première édition française 1991 par Librairie Gründ, Paris
© 1991 Librairie Gründ pour l'adaptation française
ISBN : 2-7000-5036-3
Dépôt légal : août 1991
Édition originale 1991 par Hamlyn Children's Books,
part of Reed International Books
sous le titre original *The big book of animal life*
© 1991 Reed International Books Ltd
Photocomposition : Compo 2000, Saint-Lô
Imprimé en Italie

Loi n° 49-956 du 16 juillet 1949 sur les publications destinées à la jeunesse

SOMMAIRE

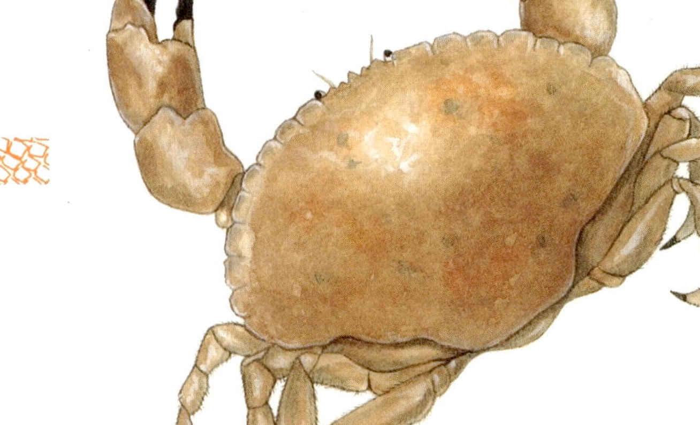

CELLULES ET VIE

Les organismes vivants se distinguent des éléments non-vivants par sept caractéristiques : l'alimentation, la respiration, la croissance, l'excrétion (rejet des déchets), le mouvement, la sensibilité et la reproduction.

Les animaux se nourrissent de matières animales et végétales qu'ils trouvent dans leur environnement. Ils doivent pour cela se déplacer. Beaucoup vont d'un lieu à un autre. D'autres, comme certains animaux marins, demeurent au même endroit et, par leur mouvement, font naître des courants porteurs de particules alimentaires. Le mouvement requiert l'emploi d'un système sensoriel, qui permet de déceler la nourriture et d'éviter obstacles et prédateurs.

Les animaux ont également besoin d'énergie pour vivre. Cette énergie est obtenue grâce à des réactions chimiques internes au corps qui décomposent les aliments. Ce processus dit de respiration utilise généralement l'oxygène absorbée dans l'air ambiant ou dans l'eau.

Certains aliments sont également indispensables à la croissance et à la réparation des tissus endommagés. Les aliments inutilisés et les déchets des processus chimiques du corps sont en général rejetés par un mécanisme dit d'excrétion.

Toutes ces fonctions sont conçues pour permettre la reproduction, caractéristique fondamentale des organismes vivants. Afin que chaque espèce puisse continuer à exister, de nouveaux individus doivent venir remplacer ceux qui meurent.

La cellule est l'unité de base de tout organisme vivant. Certains organismes se composent d'une cellule unique, d'autres de centaines ou même de millions de cellules. Chacune est constituée d'un fluide aqueux, appelé cytoplasme, entouré d'une fine membrane.

Les oiseaux, tel cet aigle royal, dépensent beaucoup d'énergie en volant. Ils doivent consommer de grandes quantités de nourriture, qu'ils transforment en partie en énergie grâce à l'oxygène qu'ils respirent.

L'étoile de mer, comme tous les organismes vivants, se nourrit, se développe et se reproduit. Elle « respire » l'oxygène de l'eau, se déplace, et peut détecter les éléments qui l'environnent.

À l'intérieur de la cellule se trouve un noyau. Celui-ci contrôle le fonctionnement de structures minuscules appelées organites. Chaque organite assure l'une des fonctions principales de la cellule. Les mitochondries, par exemple, interviennent dans la respiration et la production d'énergie. L'appareil de Golgi participe à l'élimination des déchets. Le réticulum endoplasmique contribue à la formation des protéines qui sont indispensables à la croissance de la cellule.

La croissance générale d'un organisme s'obtient par division des cellules. Souvent, il existe des cellules spéciales qui permettent à l'animal de se reproduire. D'autres cellules spécialisées agissent sur le mouvement et les sens.

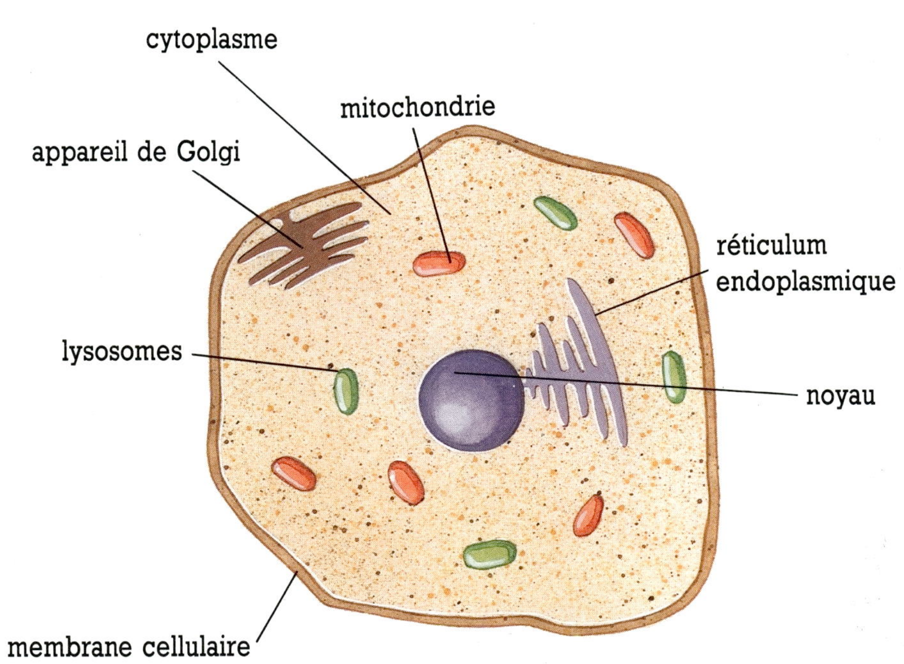

Les impalas trouvent l'énergie dont ils ont besoin dans les plantes. Les déchets qu'ils éliminent sont décomposés par des bactéries ; les substances chimiques ainsi libérées sont réutilisées par les plantes.

Les poissons, tel ce saumon, utilisent l'oxygène de l'eau. Comme la plupart des autres animaux, ils possèdent un système nerveux complexe.

LE RÈGNE ANIMAL

Les animaux sont d'une diversité étonnante : on trouve à un extrême les organismes unicellulaires, comme l'amibe, et à l'autre la baleine bleue, la plus grande créature ayant jamais existé. Entre ces deux extrêmes, il existe plus d'un million d'espèces connues, et sans doute plusieurs millions d'autres qui n'ont pas encore été découvertes.

Pour aborder ce gigantesque ensemble d'animaux et leurs relations entre eux, les scientifiques se servent d'un système de classification. Les animaux sont réunis en groupes et en sous-groupes.

Les principales divisions du règne animal sont les embranchements. Tous les vertébrés (animaux pourvus d'une colonne vertébrale) appartiennent à l'embranchement des cordés (voir page 14).

Les invertébrés (animaux sans colonne vertébrale) se répartissent en 23 embranchements. Cela signifie que les vertébrés sont plus proches les uns des autres que, par exemple, les planaires (vers plats) des lombrics (vers ronds). Ces deux groupes d'invertébrés forment des embranchements distincts.

Chaque embranchement peut comporter plusieurs subdivisions, elles-mêmes divisées en d'autres unités plus petites. Les principales subdivisions sont, par ordre décroissant, la classe, l'ordre et la famille. D'autres subdivisions, telles la sous-classe, le super-ordre, le sous-ordre, la super-famille et la sous-famille, sont également employées pour une classification plus précise.

Dans chaque famille ou sous-famille, les animaux sont classés en genre. Chaque genre comporte une ou plusieurs espèces. L'espèce est la plus petite subdivision. Les membres d'une même espèce peuvent se reproduire entre eux, ce qui n'est normalement pas possible avec les membres d'une espèce différente.

Les animaux sont souvent désignés par leurs noms communs, mais ceux-ci varient souvent d'un pays à l'autre, et ne donnent aucune indication sur le lien qui peut unir deux espèces.

Pour des raisons scientifiques, on donne à chaque animal un nom latin. Chaque appellation comporte deux parties. La première indique le genre, et la seconde l'espèce. Le nom scientifique du lion, par exemple, est *Panthera leo* et celui du tigre *Panthera tigris*. Ces noms indiquent que ces animaux sont deux espèces différentes appartenant au même genre.

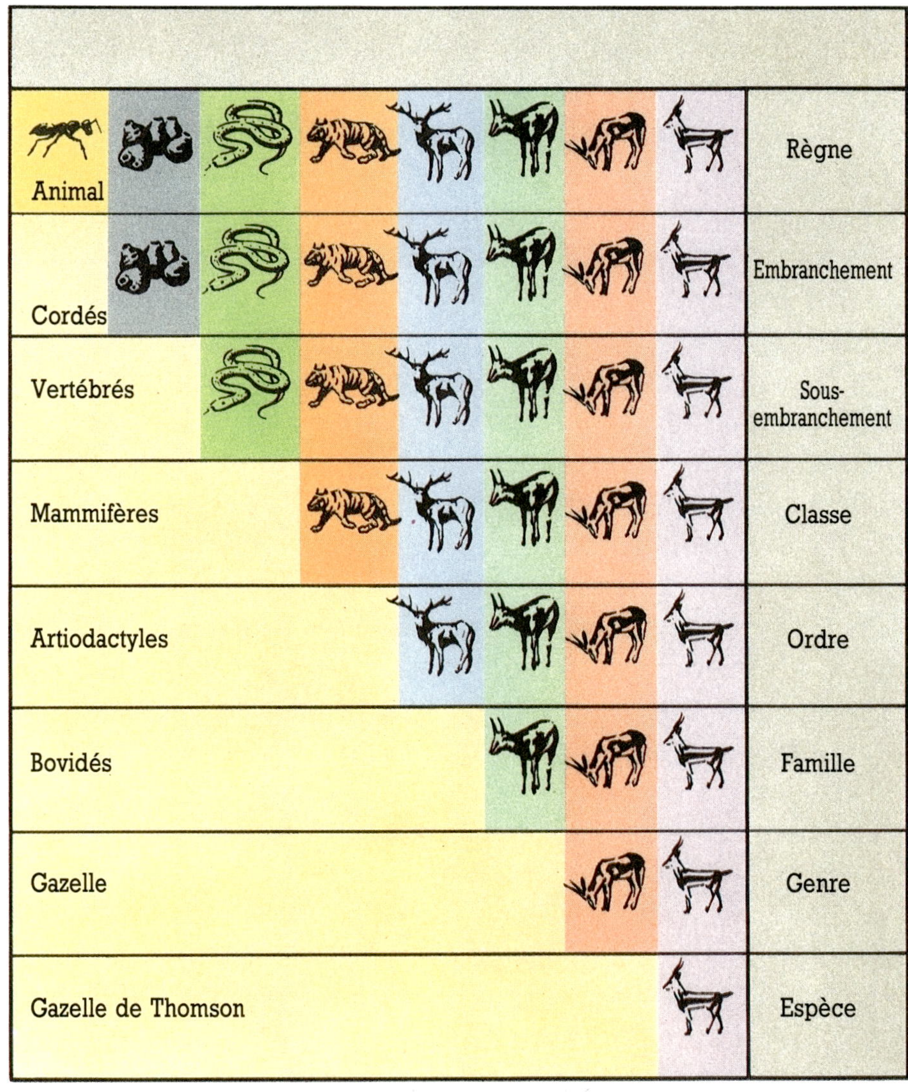

Dans cette classification, les animaux sont regroupés selon leurs ressemblances. Tous appartiennent au règne animal, mais seuls ceux qui possèdent une notocorde (sorte de baguette osseuse) à un moment donné de leur développement sont des cordés. Chaque subdivision définit un groupe plus réduit. Le genre *Gazella*, par exemple, ne présente que deux espèces.

Page précédente : cette grenouille rayée vit dans les forêts tropicales d'Amérique latine.

LES INVERTÉBRÉS

On connaît aujourd'hui environ 1,4 million d'espèces animales ; la plupart appartiennent aux 23 embranchements des invertébrés (animaux sans colonne vertébrale).

Les invertébrés les plus simples sont les protozoaires, dont il existe quelque 30 000 espèces. Il s'agit d'un groupe varié d'animaux unicellulaires qui comprend notamment les amibes, les ciliés comme *Paramecium* et *Stentor*, des animaux à capsule tels les radiolaires et les foraminifères et des parasites unicellulaires (les parasites sont des organismes qui vivent aux dépens des autres, voir page 70). *Plasmodium*, qui transmet la malaria, est un parasite bien connu.

Les invertébrés multicellulaires comprennent les éponges (environ 30 000 espèces), les cœlentérés (coraux, méduses et anémones de mer ; environ 9 000 espèces), les vers plats (10 000 espèces), les vers ronds (17 000 espèces) et plusieurs embranchements de moindre importance, tels les animaux des marais, les vers rubanés, les vers linguiformes, les brachiopodes et les tardigrades.

Les vers de terre appartiennent à l'embranchement des annélides, ou vers segmentés. Cet embranchement comprend également les sangsues et plusieurs vers marins, tels les néréis et les spirographes.

L'un des principaux embranchements est celui des mollusques, qui compte plus de 75 000 espèces. Ce groupe comprend les escargots, les limaces et leurs parents, les bivalves comme les moules, les clams et les coques, et les mollusques à tentacules comme les pieuvres, les calmars et les seiches.

Les échinodermes forment un autre embranchement, constitué notamment des étoiles de mer, des oursins, du concombre de mer, du lis de mer et de l'ophiure.

L'embranchement le plus important est celui des arthropodes, terme signifiant « pied articulé ». Tous les membres de ce groupe possèdent un squelette externe rigide ou flexible et se déplacent sur des membres à articulations multiples. Les arthropodes comprennent entre autres les arachnides (araignées et leurs parents ; 50 000 espèces), les myriapodes (10 000 espèces) et les crustacés (crabes, homards et crevettes ; 30 000 espèces).

La plus grande classe des arthropodes est cependant celle des insectes. Il existe plus d'un million d'espèces d'insectes dans le monde. Les mouches, les papillons, les guêpes, les abeilles, les coléoptères, les sauterelles, les punaises, les poux et les puces font tous partie de cette classe.

abeille

mouche

coléoptère

ver de terre

À gauche : les nudibranches sont des gastéropodes, comme les escargots ou les limaces terrestres. Ils revêtent les aspects les plus divers et se parent souvent de couleurs éclatantes.

Les invertébrés vont des protozoaires microscopiques unicellulaires aux grandes pieuvres.

LES VERTÉBRÉS

Environ 40 000 espèces d'animaux possèdent une colonne vertébrale. C'est peu si l'on considère le nombre d'invertébrés. Les vertébrés sont considérés comme plus évolués que les invertébrés. Ils appartiennent à l'embranchement des cordés, un groupe qui comprend également les ascidies et les amphioxus à l'aspect de poisson.

Les vertébrés les plus primitifs sont les myxines et les lamproies, caractérisées par leur absence de mâchoire. Viennent ensuite les requins et les raies, qui possèdent un squelette interne constitué de cartilage. Tous les autres vertébrés ont un squelette osseux.

Les poissons osseux forment une classe beaucoup plus étendue et plus variée. Leur mâchoire plus mobile, grâce à laquelle ils peuvent arracher la nourriture, explique en partie leur importance actuelle. Ils possèdent également une vessie gazeuse qui leur permet de flotter dans l'eau.

Les amphibiens — grenouilles, crapauds, tritons et salamandres — marquent le passage des vertébrés sur terre. À la différence des poissons, les amphibiens possèdent des membres pour se déplacer. Certains vivent même de façon permanente hors de l'eau. Tous les amphibiens, cependant, doivent vivre dans un environnement humide pour se reproduire, et la plupart regagnent l'eau pour pondre leurs œufs.

Par contre, les reptiles — lézards, serpents, crocodiles et tortues — sont de véritables animaux terrestres. Ils sont caractérisés par une peau écailleuse et imperméable et pondent des œufs à l'aspect de cuir dans lesquels se développent les jeunes. Les oiseaux pondent également des œufs à coquille dure, mais possèdent des plumes à la place des écailles. Leurs membres antérieurs, transformés en ailes, leur permettent de voler.

Les oiseaux sont aussi des animaux à sang chaud. Cela signifie qu'ils main-

À droite : le lézard à collier américain est un reptile. Il vit dans le sud-ouest des États-Unis et se nourrit d'insectes et d'autres lézards, plus petits.

Ci-dessous : les vertébrés appartiennent tous à un seul embranchement. On distingue cinq classes — les poissons, les amphibiens, les reptiles, les oiseaux et les mammifères.

tiennent leur corps à une température constante en utilisant la chaleur produite par des processus chimiques internes de leur corps. Leurs plumes contribuent également à conserver la chaleur.

Les mammifères, animaux à sang chaud, conservent généralement leur chaleur grâce à leur fourrure. Ils ne pondent pas d'œufs. Les jeunes se développent dans le corps de la mère jusqu'à un stade assez avancé. Après la naissance, les petits sont allaités : ils se nourrissent du lait sécrété chez la mère par des glandes sous-cutanées.

condor

guépard et son petit

lion de mer de Californie

crocodile

vipère

L'ÉVOLUTION

La plupart des gens pensent que les êtres vivants actuels résultent d'une évolution progressive qui dura plusieurs millions d'années. Il s'agit de la théorie de l'évolution. Celle-ci fut formulée pour la première fois en 1859 par le naturaliste anglais Charles Darwin dans son livre, *De l'origine des espèces par voie de sélection naturelle.*

Darwin commença à réfléchir sur l'évolution lors d'un voyage aux îles Galapagos dans l'océan Pacifique. Les animaux qu'il observa sur ces îles étaient fort différents de ceux qu'il avait vus sur le continent. Pourtant, selon lui, ils descendaient presque certainement des animaux du continent. Il pensait que les animaux des îles s'étaient adaptés aux conditions locales et que, dans certains cas, plusieurs espèces distinctes avaient évolué à partir d'un ancêtre commun. Aujourd'hui, des exemples d'une évolution semblable existent en certains lieux isolés.

D'autres éléments viennent conforter la théorie de Darwin. La plupart résultent de l'étude des fossiles. Les fossiles sont des restes d'animaux et de plantes qui existaient il y a plusieurs millions d'années, et certains montrent clairement les différentes étapes du processus d'évolution. Les fossiles de l'*Archaeopteryx*, le premier oiseau connu, présentent par exemple des caractéristiques semblables à celles des reptiles. Ceci confirme la thèse très répandue qui fait remonter l'origine des oiseaux aux reptiles.

Les animaux qui vivent actuellement témoignent également de cette évolution. Lorsque des espèces distinctes présentent des caractéristiques communes, on peut supposer qu'elles ont peut-être eu un ancêtre commun à une époque donnée. Les différents types de pattes, nageoires et ailes que l'on trouve chez les vertébrés, par exemple, correspon-

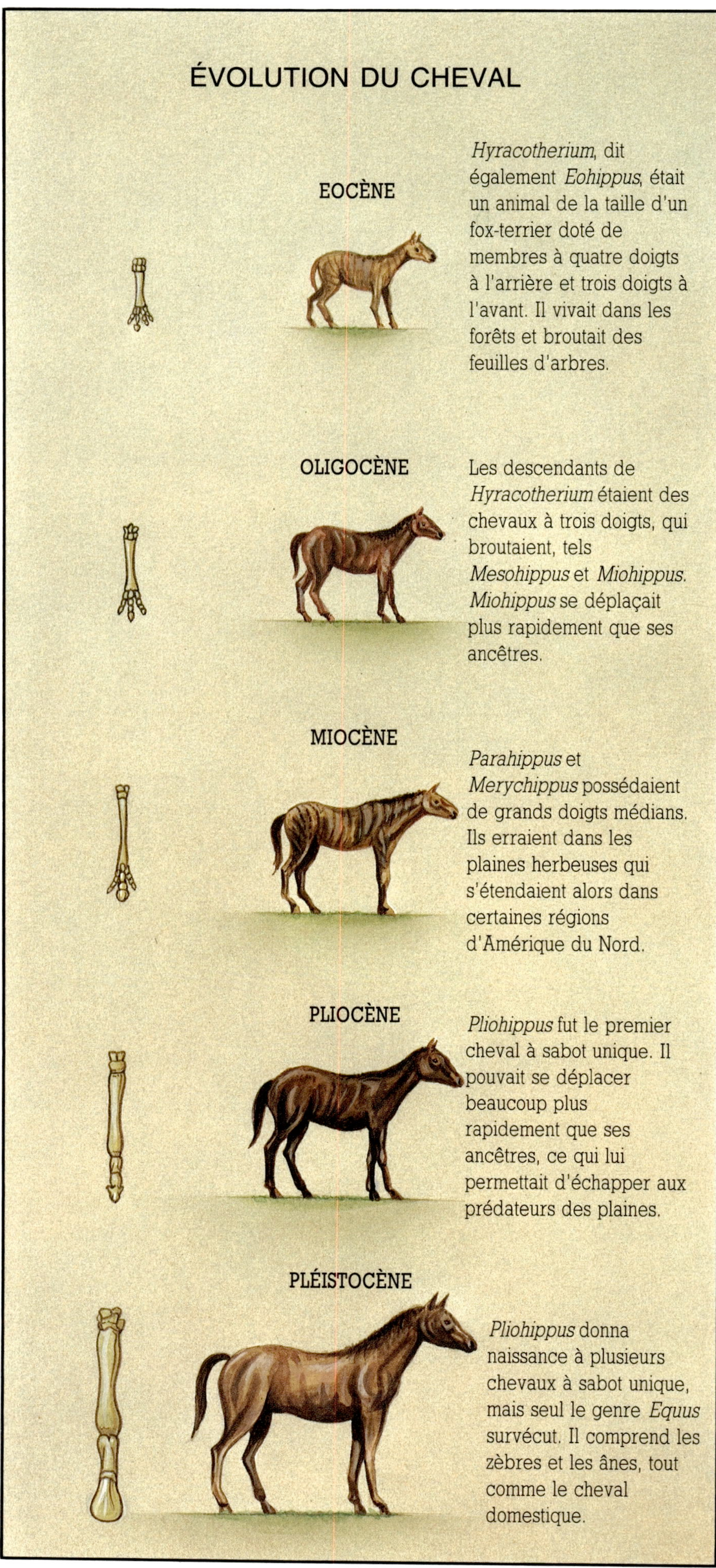

ÉVOLUTION DU CHEVAL

EOCÈNE — *Hyracotherium*, dit également *Eohippus*, était un animal de la taille d'un fox-terrier doté de membres à quatre doigts à l'arrière et trois doigts à l'avant. Il vivait dans les forêts et broutait des feuilles d'arbres.

OLIGOCÈNE — Les descendants de *Hyracotherium* étaient des chevaux à trois doigts, qui broutaient, tels *Mesohippus* et *Miohippus*. *Miohippus* se déplaçait plus rapidement que ses ancêtres.

MIOCÈNE — *Parahippus* et *Merychippus* possédaient de grands doigts médians. Ils erraient dans les plaines herbeuses qui s'étendaient alors dans certaines régions d'Amérique du Nord.

PLIOCÈNE — *Pliohippus* fut le premier cheval à sabot unique. Il pouvait se déplacer beaucoup plus rapidement que ses ancêtres, ce qui lui permettait d'échapper aux prédateurs des plaines.

PLÉISTOCÈNE — *Pliohippus* donna naissance à plusieurs chevaux à sabot unique, mais seul le genre *Equus* survécut. Il comprend les zèbres et les ânes, tout comme le cheval domestique.

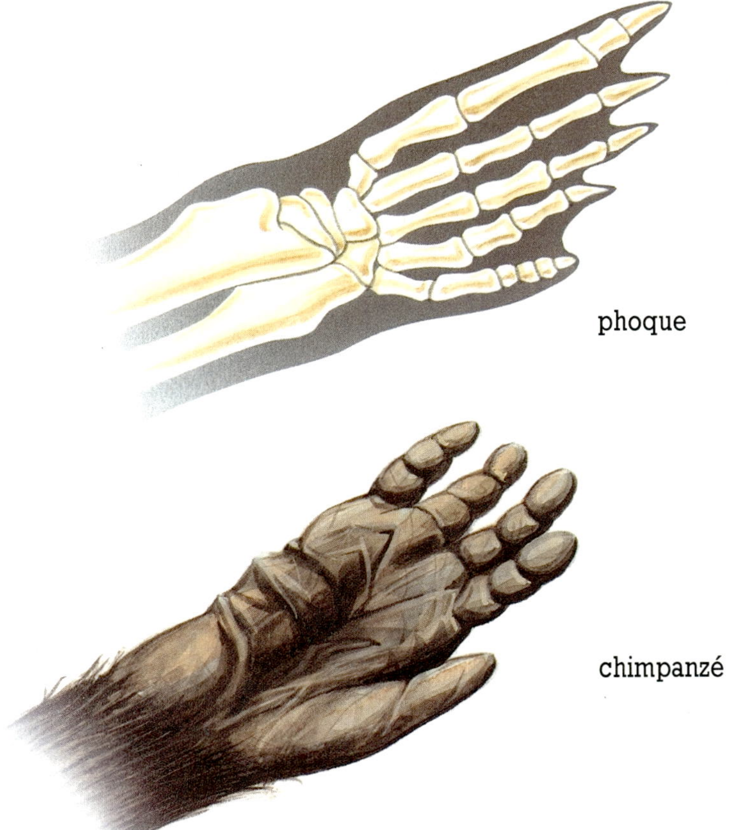

À gauche : la disposition des os de la nageoire d'un phoque indique sans doute une origine commune avec la main à cinq doigts du chimpanzé.

phoque

chimpanzé

Ci-dessus : le cheval de Prejwalski, dernier cheval sauvage existant, a disparu de sa région d'origine, la Mongolie, mais on espère l'y réintroduire.

dent tous à la même structure d'un membre à cinq doigts.

La théorie de l'évolution n'est plus remise en cause aujourd'hui, mais les mécanismes auxquels elle obéit sont controversés. Selon une thèse récente, l'évolution se ferait par une série de bonds ou étapes, plutôt que par un processus lent et progressif.

Pourtant, quels que soient les principes de l'évolution, il est certain que les organismes que nous connaissons aujourd'hui résultent d'une évolution de plusieurs millions d'années.

LA SÉLECTION NATURELLE

Avant que Charles Darwin ne publie ses idées sur l'évolution, il passa 22 ans à en étudier le processus. Pourquoi et comment les espèces se modifièrent-elles ? Peu à peu, il en vint à la conclusion que les espèces évoluaient selon un processus dit de sélection naturelle.

Les individus changent, et c'est ce changement qui permet l'évolution, selon la théorie de Darwin. Les caractères de chaque individu (par exemple la couleur du poil, la taille) sont déterminés par le matériel génétique présent dans le noyau des cellules (voir page 9). Chaque caractère est contrôlé par un élément appelé gène.

Des changements se produisent parfois au niveau des gènes des cellules reproductrices. Il s'agit de mutations qui se traduisent par l'apparition de nouveaux caractères chez le petit. Les mutations importantes sont généralement néfastes. Elles rendent difficile, voire impossible, la survie ou la reproduction du nouvel individu. Le tigron par exemple, issu du croisement d'un tigre avec une lionne, ne peut pas avoir de descendance. Les mutations mineures, cependant, peuvent se transmettre à la génération suivante.

La sélection naturelle au sein d'une population animale ou végétale se fait par l'intermédiaire de ces changements. La plupart des mutations se traduisent par quelque désavantage. Les animaux qui les subissent peuvent éprouver plus de difficultés à se nourrir ou à défendre un espace vital. Certaines mutations produisent en revanche des individus mieux adaptés que d'autres à leur environnement, et donc mieux armés pour survivre. En se reproduisant, ils contribuent à la sélection naturelle des animaux et des plantes les mieux adaptés à l'environnement d'une époque donnée.

L'évolution, et par conséquent la

Le long cou de la girafe résulte de la sélection naturelle. Les individus nés avec un cou un peu plus long que les autres ont pu atteindre la végétation élevée et survivre ainsi plus facilement.

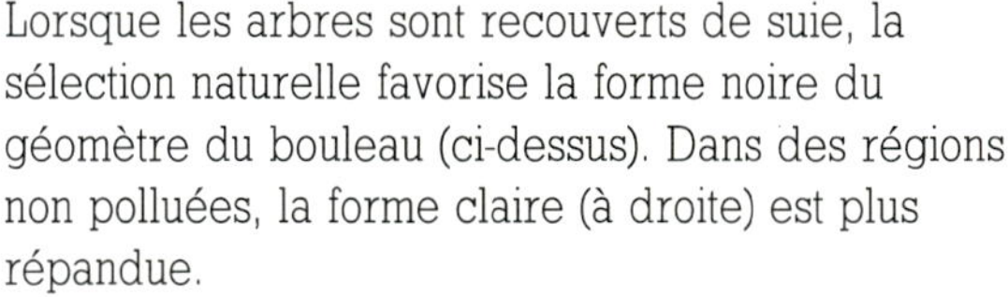

Lorsque les arbres sont recouverts de suie, la sélection naturelle favorise la forme noire du géomètre du bouleau (ci-dessus). Dans des régions non polluées, la forme claire (à droite) est plus répandue.

sélection naturelle, se font en général très lentement. Mais certains exemples permettent d'observer ce phénomène sur un temps très court. Le plus connu est celui du géomètre du bouleau. Il existe deux types de géomètre. La forme claire, la plus courante, se confond avec l'écorce des arbres. Mais à l'époque de la Révolution industrielle, au XIXᵉ siècle, lorsque les arbres se couvrirent de suie, le nombre de géomètres clairs commença à diminuer. Un géomètre noir apparut alors en nombre croissant. Il était en effet moins visible sur les arbres couverts de suie, et donc plus difficile à repérer par les oiseaux qui s'en nourrissaient.

Récemment, cependant, les usines devenant moins polluantes, le nombre de géomètres clairs a augmenté, tandis que celui des géomètres noirs a diminué.

Le phasme est parfaitement camouflé. Pendant des millions d'années, les insectes ont évolué. Ceux qui se fondaient dans leur environnement ont mieux survécu.

LA VIE PRÉHISTORIQUE

PALÉOZOÏQUE

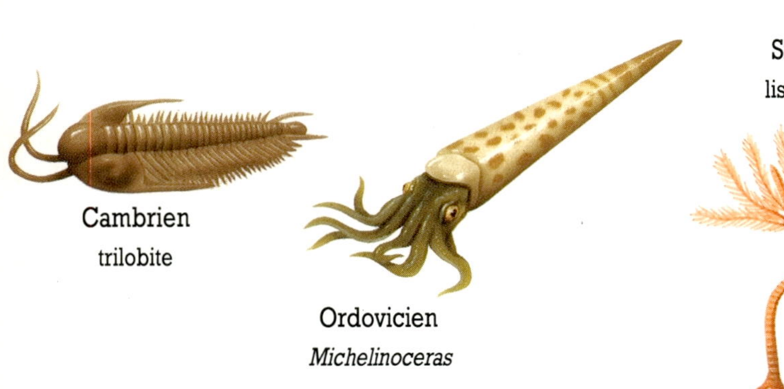

Cambrien
trilobite

Ordovicien
Michelinoceras

Silurien
lis de mer

Dévonien
dipneuste

Carbonifère
amphibien primitif

La vie apparut sur terre il y a environ 3,5 milliards d'années. Les scientifiques ont divisé ce très long espace de temps en périodes.

Les premières cellules se formèrent dans les mers riches en éléments chimiques qui existaient il y a quelque 3,5 milliards d'années. Les premiers organismes vivants furent probablement les bactéries. Elles donnèrent par la suite naissance aux premiers animaux et végétaux unicellulaires. Puis apparurent les organismes pluricellulaires. Il y a environ 600 millions d'années, au début du cambrien, plusieurs types de créatures au corps mou peuplaient les mers du globe.

C'est à cette époque qu'apparurent les premiers animaux à carapace. Nous le savons car, à la différence des animaux à corps mou, leurs restes se fossilisèrent facilement. Au cours des 40 millions d'années qui suivirent, de nombreux types de mollusques firent leur apparition, ainsi que les premières formes de coraux, puis les échinodermes et arthropodes primitifs, comme les crustacés (crabes, homards et crevettes) et les trilobites (corps en trois lobes).

Les premiers vertébrés connus furent les poissons sans mâchoires, qui apparurent il y a environ 510 millions d'années. Ils furent suivis 70 millions d'années plus tard par les poissons à mâchoires, qui se multiplièrent au dévonien (il y a 410 millions d'années).

Les premiers amphibiens apparurent à la fin de cette même période. Plus tard, au carbonifère (il y a 355 millions d'années), les amphibiens donnèrent naissance aux premiers reptiles.

Vers la fin de l'ère paléozoïque (ou primaire), il y a 250 millions d'années, les reptiles étaient bien établis sur la terre. Ils dominèrent les 185 millions d'années qui suivirent. Cette période, dite ère mésozoïque (ou secondaire), fut l'âge des reptiles.

Au cours de l'ère secondaire, les dinosaures régnaient sur terre, les ptérosauriens dominaient le ciel et les mers étaient peuplées de plésiosaures et d'ichtyosaures. Toutes ces créatures, cependant, disparurent il y a environ 65 millions d'années, vers la fin de l'ère secondaire.

Les premiers mammifères de type musaraigne existaient déjà au début de l'ère secondaire, mais lorsque les derniers reptiles dominateurs ne furent plus guère représentés que par les crocodiles, l'évolution et la multiplication des mammifères s'accélérèrent. Le cénozoïque fut et est encore l'âge des mammifères. Les premiers humains apparurent sur terre il y a environ 3 millions d'années.

Permien
requin primitif

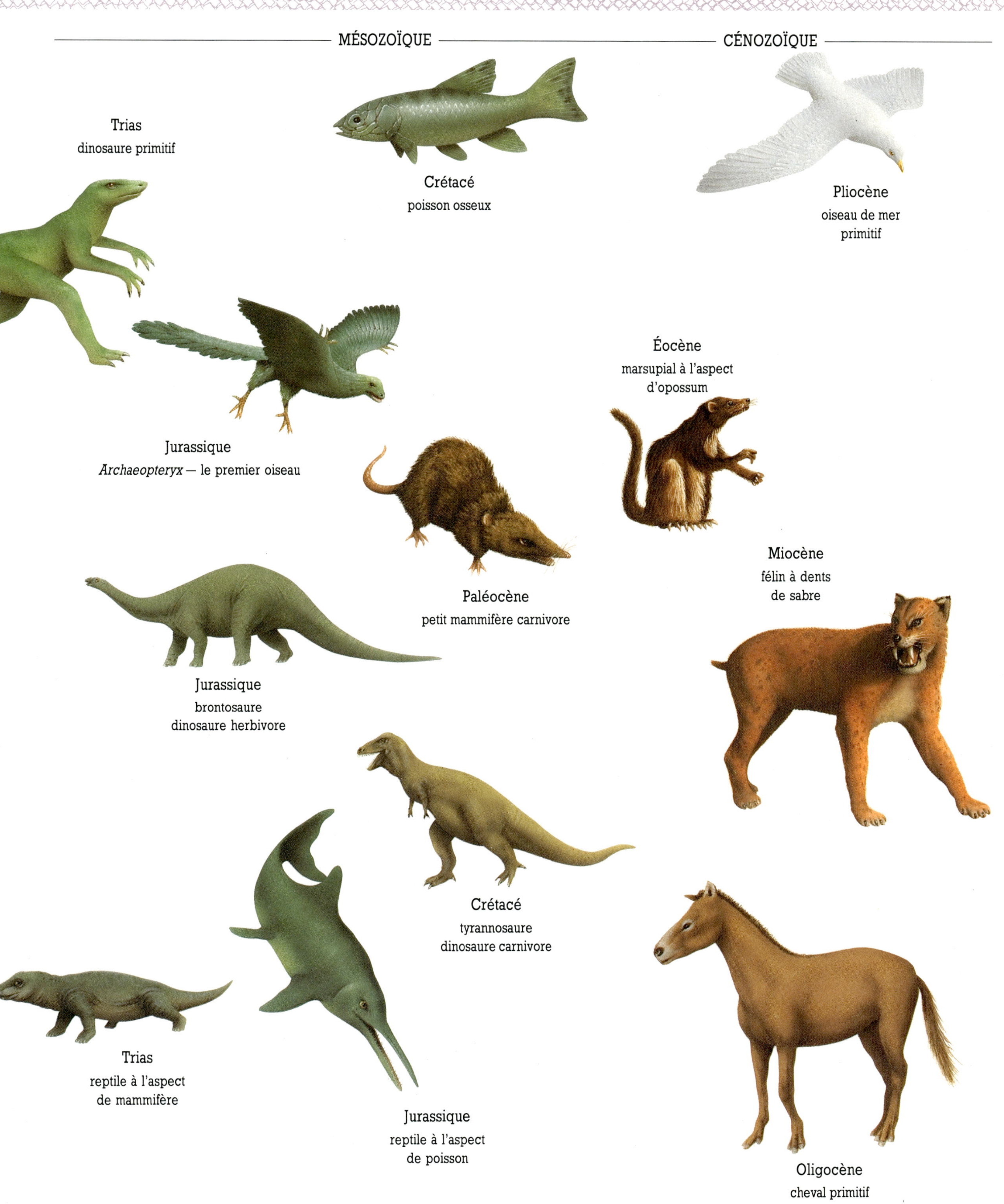

MÉSOZOÏQUE
CÉNOZOÏQUE
Trias
dinosaure primitif
Crétacé
poisson osseux
Pliocène
oiseau de mer
primitif
Jurassique
Archaeopteryx — le premier oiseau
Éocène
marsupial à l'aspect
d'opossum
Paléocène
petit mammifère carnivore
Miocène
félin à dents
de sabre
Jurassique
brontosaure
dinosaure herbivore
Crétacé
tyrannosaure
dinosaure carnivore
Trias
reptile à l'aspect
de mammifère
Jurassique
reptile à l'aspect
de poisson
Oligocène
cheval primitif

LA RESPIRATION

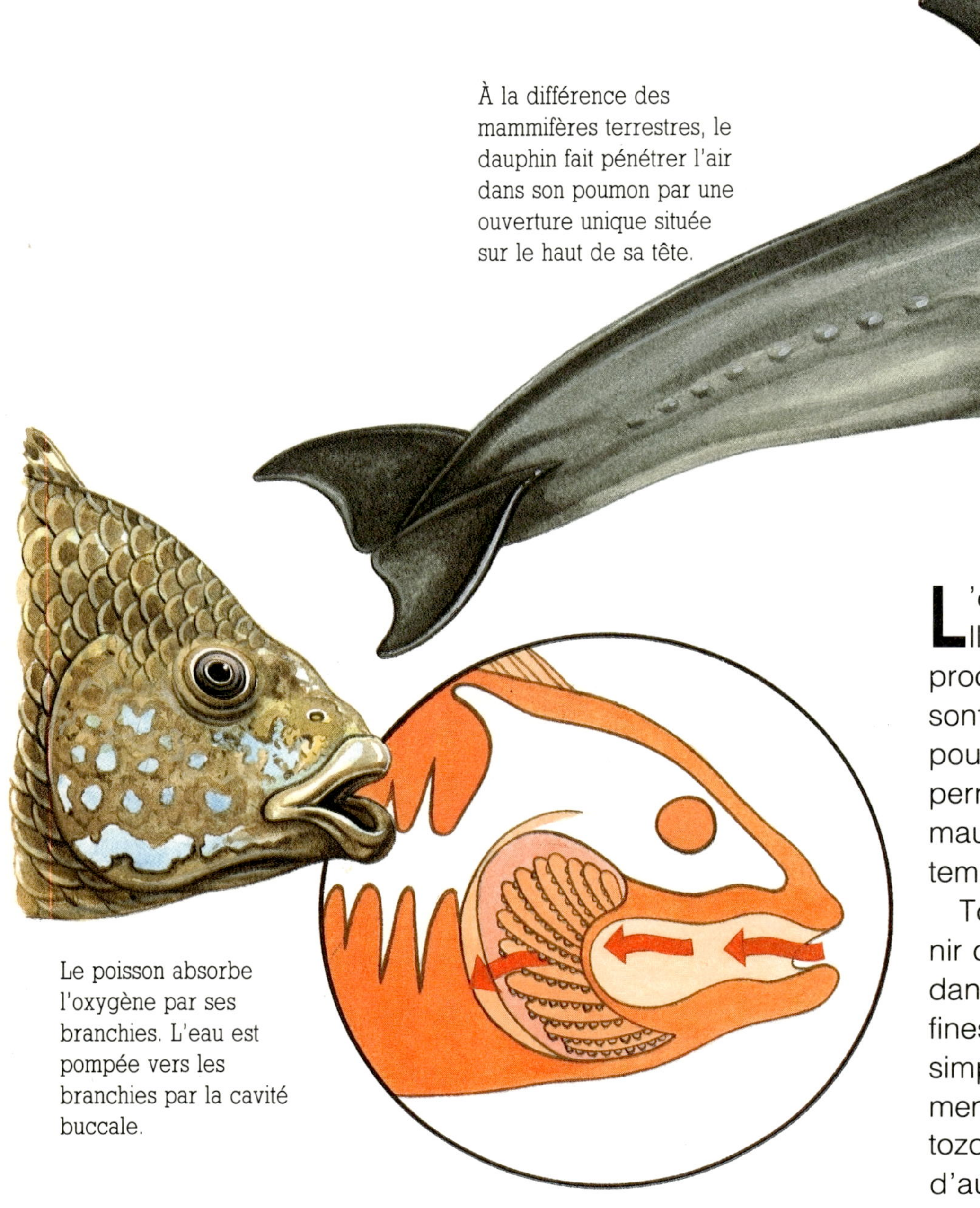

À la différence des mammifères terrestres, le dauphin fait pénétrer l'air dans son poumon par une ouverture unique située sur le haut de sa tête.

Le poisson absorbe l'oxygène par ses branchies. L'eau est pompée vers les branchies par la cavité buccale.

Les insectes absorbent l'oxygène par de minuscules stigmates situés sur les côtés du corps. Ceux-ci s'ouvrent sur un système de tubes appelés trachées.

L'oxygène est vital pour les animaux. Il est utilisé par leur organisme lors du processus de respiration. Les aliments sont alors décomposés chimiquement pour libérer de l'énergie. Cette énergie permet le mouvement et, chez les animaux à sang chaud, le maintien de la température interne.

Tous les animaux doivent donc obtenir de l'oxygène. L'oxygène se dissout dans l'eau et peut passer au travers de fines membranes. Les animaux les plus simples absorbent l'oxygène directement dans l'eau qui les entoure. Les protozoaires, les coraux, les vers plats et d'autres créatures aquatiques au corps mou « respirent » tous de cette façon.

Les animaux aquatiques de plus grande taille sont dotés d'organes spéciaux qui leur permettent d'absorber l'oxygène. Ce sont les branchies. Les branchies sont richement irriguées de vaisseaux sanguins qui passent très près de la surface, et ne sont séparés de l'eau que par une fine membrane. Elles sont souvent dotées d'un repli cutané, afin d'exposer la plus grande surface possible à l'eau pourvoyeuse d'oxygène. Les poissons, les crustacés, les mollusques et certains amphibiens, en particulier les jeunes, possèdent des branchies.

Les animaux terrestres tirent l'oxygène

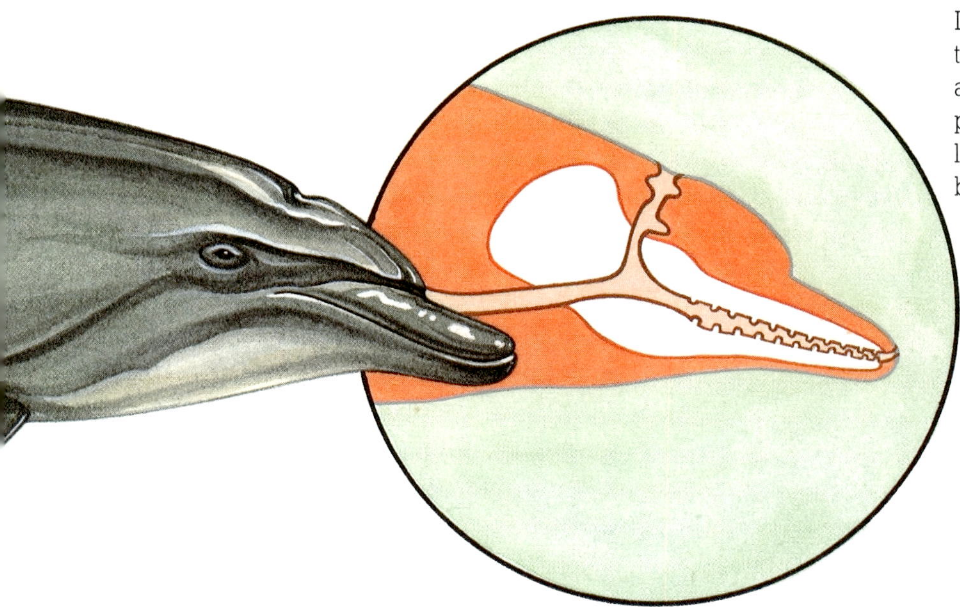

Les mammifères terrestres, tels le gorille, aspirent l'air dans leurs poumons par l'intermédiaire de la bouche et du nez.

de l'air, mais il doit être dissous dans l'eau avant de pouvoir être absorbé par le corps. Les vers de terre ont une peau humide et peuvent ainsi absorber l'oxygène d'une façon comparable à celle de leurs cousins marins. D'autres animaux terrestres protègent les surfaces humides capables d'absorber l'oxygène à l'intérieur de leur corps. Les insectes, par exemple, recueillent l'oxygène par de minuscules orifices appelés stigmates. Les stigmates s'ouvrent sur des tubes remplis d'eau, les trachées. Tous les amphibiens absorbent une partie de l'oxygène par leur peau, mais également par leurs muqueuses buccales et leurs poumons.

L'escargot possède aussi un poumon, et l'araignée des organes comparables aux branchies, appelés poumons lamellaires. Mais les poumons les plus efficaces sont ceux des vertébrés plus évolués — les reptiles, les oiseaux et les mammifères.

Chez le mammifère, l'action des muscles expédie l'air dans les poumons. La surface interne du poumon s'accroît considérablement en se divisant en millions de poches minuscules appelées alvéoles. L'oxygène y est dissous et pénètre dans le sang de l'animal à travers la paroi alvéolaire.

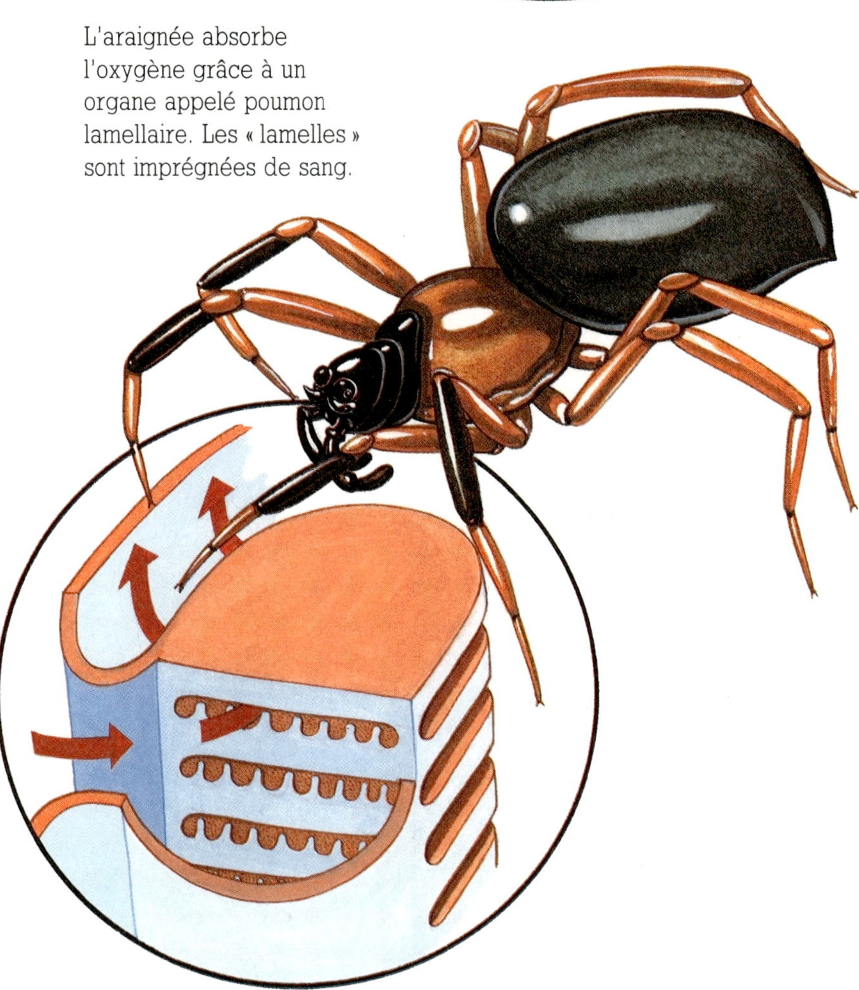

L'araignée absorbe l'oxygène grâce à un organe appelé poumon lamellaire. Les « lamelles » sont imprégnées de sang.

LES HERBIVORES

Ci-dessus : chaque partie d'une plante peut constituer une source de nourriture. Ici, un colibri de Vieillot butine le nectar d'une lobélie.

Les plantes constituent une précieuse source de nourriture, et de nombreux animaux en tirent parti. Les feuilles, les tiges, les racines, les fruits et les graines sont pour eux autant d'aliments.

L'herbe et les feuilles des arbres et des buissons constituent l'alimentation de base de nombreux animaux. Les cellules végétales, cependant, sont enveloppées d'une épaisse paroi de cellulose. La cellulose est difficile à digérer et la plupart des herbivores ont dû s'adapter pour y remédier. Le bœuf, le mouton, la chèvre, le daim, l'antilope, la girafe et le chameau sont des ruminants. Ils sont caractérisés par un estomac à quatre poches, la panse constituant l'une d'entre elles. L'estomac contient des bactéries et des protozoaires qui décomposent la cellulose. Pour contribuer au

mouton

paon du jour

processus, de petits morceaux d'aliments en partie digérés, qui forment le bol alimentaire, reviennent en bouche et sont remâchés afin d'être mieux digérés.

Les mammifères herbivores possèdent de grandes dents aux larges couronnes plates qui réduisent les aliments en pulpe en les mâchant. Des incisives coupantes situées sur le devant leur permettent de se nourrir par bouchées.

D'autres animaux disposent de moyens particuliers pour traiter les matières végétales. Chez les termites, ce sont des protozoaires qui contribuent à une meilleure digestion du bois. La chenille produit des enzymes qui décomposent la cellulose. Une partie de l'intestin de la sauterelle est conçue pour réduire en pulpe les parois épaisses des cellules végétales.

D'autres herbivores contournent le problème en choisissant des parties de plantes plus faciles à digérer. Beaucoup d'insectes, comme les papillons de jour et de nuit, les abeilles, et certains oiseaux et mammifères se nourrissent de sève, de nectar, de fruits et de graines.

Les animaux sont souvent adaptés à un type particulier de nourriture. Les insectes qui se nourrissent de nectar, par exemple, sont dotés d'une trompe qui leur permet d'atteindre le cœur de la fleur. Les mammifères pratiquant ce type d'alimentation possèdent une longue langue, et les colibris un long bec. Les insectes suçeurs de sève disposent de stylets pour percer la tige. Les oiseaux qui se nourrissent de graines sont dotés d'un gros bec court grâce auquel ils peuvent briser l'enveloppe des graines.

Ci-dessous : presque tous les groupes d'animaux comptent des herbivores. Les racines, les tiges, les feuilles, les bourgeons et les fleurs sont autant de sources de nourriture et différents types d'animaux exploitent différentes parties de plantes.

éléphant

merle

pucerons

chenille de sphinx

LES CARNIVORES

Les animaux qui se nourrissent d'autres animaux s'appellent des carnivores. Ils doivent en général tuer ou capturer leurs proies. Ils utilisent pour cela des méthodes très variées.

Certains animaux se tiennent à l'affût de leurs victimes. L'araignée fileuse, par exemple, attrape ses victimes dans son piège de soie. L'araignée-loup, en revanche, se contente de poursuivre sa proie. Les araignées du genre *Mastophora* disposent d'une arme ; elles lancent sur leur victime un fil de soie dont l'extrémité est enduite d'une matière visqueuse pour l'empêcher de s'échapper.

Certains mammifères, comme les léopards, guettent patiemment leurs victimes potentielles. D'autres, comme le tigre, le lion ou le guépard, suivent furtivement leur proie et se jettent dessus au dernier moment. D'autres encore, comme le loup et la hyène, chassent leur proie jusqu'à épuisement, puis la tuent.

Les animaux carnivores disposent d'une grande variété d'armes pour attraper et tuer leurs proies. Ils utilisent généralement leurs dents et leurs griffes. Les mammifères carnivores, par exemple, possèdent des canines pointues. Derrière les canines se trouvent des dents coupantes qui pénètrent très facilement dans la chair. Les griffes de ces animaux sont souvent acérées.

Les poissons, les amphibiens et les reptiles utilisent également leurs dents pour saisir leur proie. Les oiseaux carnivores, les rapaces, possèdent des griffes appelées serres, et un bec crochu et coupant pour déchirer la chair. D'autres oiseaux sont pourvus d'un bec conçu pour attraper des insectes ou des poissons. Les pièces buccales de certains insectes leur permettent de dépecer la proie.

De nombreux animaux s'attaquent à des espèces plus grandes qu'eux, et leurs victimes doivent donc être tuées ou maîtrisées rapidement. Certains poissons émettent des décharges électriques pour tuer ou neutraliser leurs victimes.

D'autres animaux utilisent du venin. Les serpents venimeux portent des dents creusées d'un sillon qu'on appelle crochets et qui leur permettent d'injecter le venin à leurs victimes. Les araignées ont également des crochets à venin, et le scorpion dispose d'un dard. Certains cônes, des mollusques à coquille allongée, possèdent une dent venimeuse à l'extrémité d'un long tentacule. L'anémone de mer utilise des tentacules urticants pour attraper ses proies.

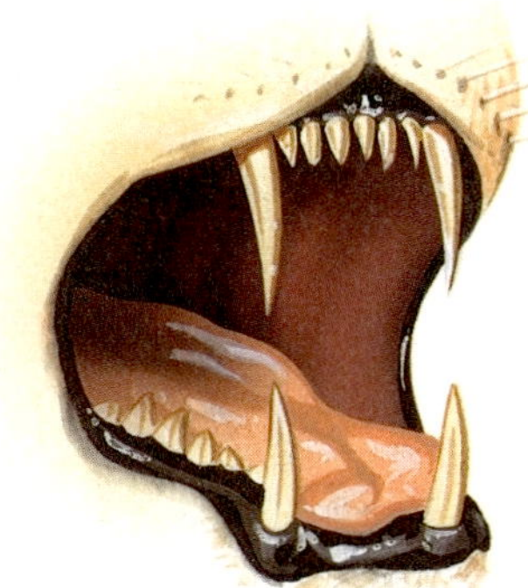

Les dents acérées des carnivores saisissent et déchirent la proie. Les mammifères carnivores ont également des dents coupantes. Le serpent se sert de ses crochets pour injecter le venin. Le requin ne peut que déchirer ses victimes.

Un aigle pêcheur saisit un poisson entre ses serres acérées. Son bec crochu lui permet de détacher des morceaux de chair.

Le boa constricteur tue sa proie en la serrant si fort qu'elle ne peut plus respirer. Il avale ensuite sa victime en entier.

L'anémone de mer piège des poissons et d'autres petits animaux dans ses tentacules urticantes.

L'étoile de mer se nourrit de mollusques ou de restes d'animaux marins, comme le crabe.

SOUS L'EAU

La vie aquatique présente des avantages et des inconvénients. L'eau est plus dense que l'air, et il est donc plus difficile de se déplacer dans l'eau que dans l'air. Par contre, l'eau soutient mieux que l'air. Cela signifie que les animaux peuvent flotter dans l'eau, ce qui exige moins d'efforts pour vaincre les effets de la gravité.

Certains animaux aquatiques passent toute leur vie d'adulte dans le même lieu. Ils donnent souvent naissance à des larves qui nagent, mais leurs propres mouvements peuvent se réduire à des balancements du corps. Dans de nombreux cas, de minuscules filaments, appelés cils, font naître des courants qui apportent des particules alimentaires.

D'autres animaux aquatiques se déplacent lentement sur la boue, les algues et la surface des rochers. Les nudibranches possèdent, comme les escargots terrestres, un pied. Une série de contractions musculaires actionnent le pied et font avancer l'animal. Les vers plats se déplacent de façon semblable. L'étoile de mer et l'oursin se servent pour avancer de minuscules pieds tubulaires terminés par une ventouse appelée ambulacre.

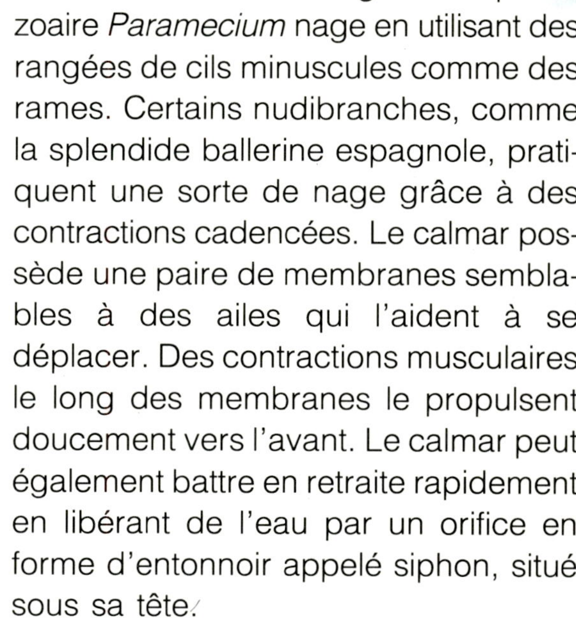

D'autres animaux nagent. Le protozoaire *Paramecium* nage en utilisant des rangées de cils minuscules comme des rames. Certains nudibranches, comme la splendide ballerine espagnole, pratiquent une sorte de nage grâce à des contractions cadencées. Le calmar possède une paire de membranes semblables à des ailes qui l'aident à se déplacer. Des contractions musculaires le long des membranes le propulsent doucement vers l'avant. Le calmar peut également battre en retraite rapidement en libérant de l'eau par un orifice en forme d'entonnoir appelé siphon, situé sous sa tête.

Les poissons comptent parmi les meilleurs nageurs, et la plupart possèdent un corps aérodynamique. Une partie de la propulsion vers l'avant résulte des contractions musculaires qui parcourent le corps en vagues, mais l'essentiel tient au mouvement latéral de la queue. Les nageoires pectorales sont employées pour freiner et tourner.

Les reptiles, les oiseaux et les mammifères sont essentiellement des animaux terrestres, mais certains se sont adaptés à la vie aquatique. Les tortues se servent de leurs membres pour nager, et les pingouins « volent » sous l'eau. Les phoques sont d'excellents nageurs aux puissantes nageoires. Les baleines et les dauphins se propulsent grâce à leurs nageoires caudales horizontales.

Ci-dessous : le calmar peut se déplacer rapidement en se propulsant par réaction. La cavité du manteau, poche remplie d'eau située sous l'animal, est normalement ouverte et donc pleine d'eau. En pressant le bord du manteau contre le siphon et en contractant les muscles du manteau, le calmar rejette l'eau par le siphon et est ainsi propulsé en arrière.

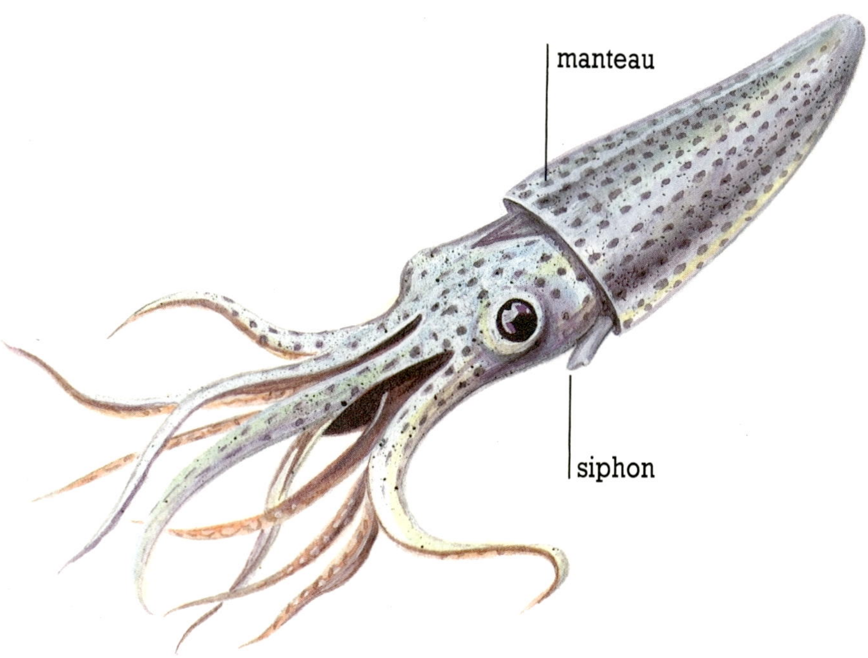

dauphins souffleurs
manchots Adélie
lions de mer
de Californie
encornet
hareng
tortue verte
La propulsion aquatique
se fait le plus souvent
grâce aux nageoires.
pieuvre
poissons-chirurgiens
grand requin blanc

SUR TERRE

Certains animaux terrestres rampent, en maintenant en permanence leur corps sur le sol. Les escargots et les limaces, par exemple, se déplacent comme leurs homologues aquatiques (voir page 28).

Un ver de terre se déplace également grâce aux contractions musculaires qui parcourent son corps par vagues. Les segments du corps se contractent l'un après l'autre, ce faisant, grossissent, et de petites soies placées de chaque côté du corps prennent appui sur le sol. Les segments situés en avant du point d'ancrage se tendent et sont propulsés vers l'avant. Les segments suivants sont tirés, puis contractés à nouveau.

Presque tous les autres animaux terrestres possèdent des pattes, qui maintiennent le corps au-dessus du sol. Le mille-pattes a ainsi des pattes sur chaque segment du corps. Les pattes sont actionnées par des mouvements ondulatoires d'avant en arrière et font progresser l'animal.

Les insectes n'ont que six pattes et peuvent donc se déplacer plus rapidement. Un insecte demeure cependant très stable, car il garde toujours au moins trois pattes sur le sol. Les sauterelles et les puces disposent d'une paire de pattes spécialement conçue pour le saut ; les mantes se servent de leurs pattes antérieures pour saisir leurs proies.

Ci-dessus : comme les autres lézards, le gecko est doté de pattes latérales et a tendance à traîner le ventre sur le sol. Les pieds du gecko sont pourvus de ventouses adhésives constituées de rangées de crochets microscopiques. Elles lui permettent de s'accrocher à des surfaces apparemment lisses, même au verre.

Les vertébrés possèdent quatre membres. Chez un amphibien typique, comme la salamandre, les pattes sont situées sur les côtés du corps, de telle sorte que le ventre de l'animal traîne sur le sol. Les grenouilles et les crapauds, en revanche, sont dotés de puissantes pattes postérieures qu'ils emploient pour sauter et nager.

Les reptiles comme les crocodiles, les tortues et les lézards se déplacent également au moyen de pattes latérales, mais les serpents n'ont pas de pattes. Généralement, le serpent se déplace par ondulations en prenant appui sur des cailloux ou d'autres irrégularités. La plupart des serpents, cependant, peuvent également se déplacer lentement en utilisant leurs écailles ventrales. Les crotales se déplacent latéralement dans le sable par des mouvements rapides.

Les pattes des mammifères sont situées sous le corps. Leur ventre se trouve ainsi au-dessus du sol et ils peuvent se déplacer plus rapidement. Ils sont moins stables que les reptiles, mais maintiennent leur équilibre grâce à des organes spéciaux situés dans leurs oreilles.

Chez certains mammifères, comme le tatou, le pied repose en entier sur le sol. Le loup, par contre, se déplace sur l'extrémité des pieds et peut ainsi courir plus rapidement. Parmi les animaux les plus rapides, on trouve l'antilope et le cheval, qui courent sur un doigt unique, le sabot.

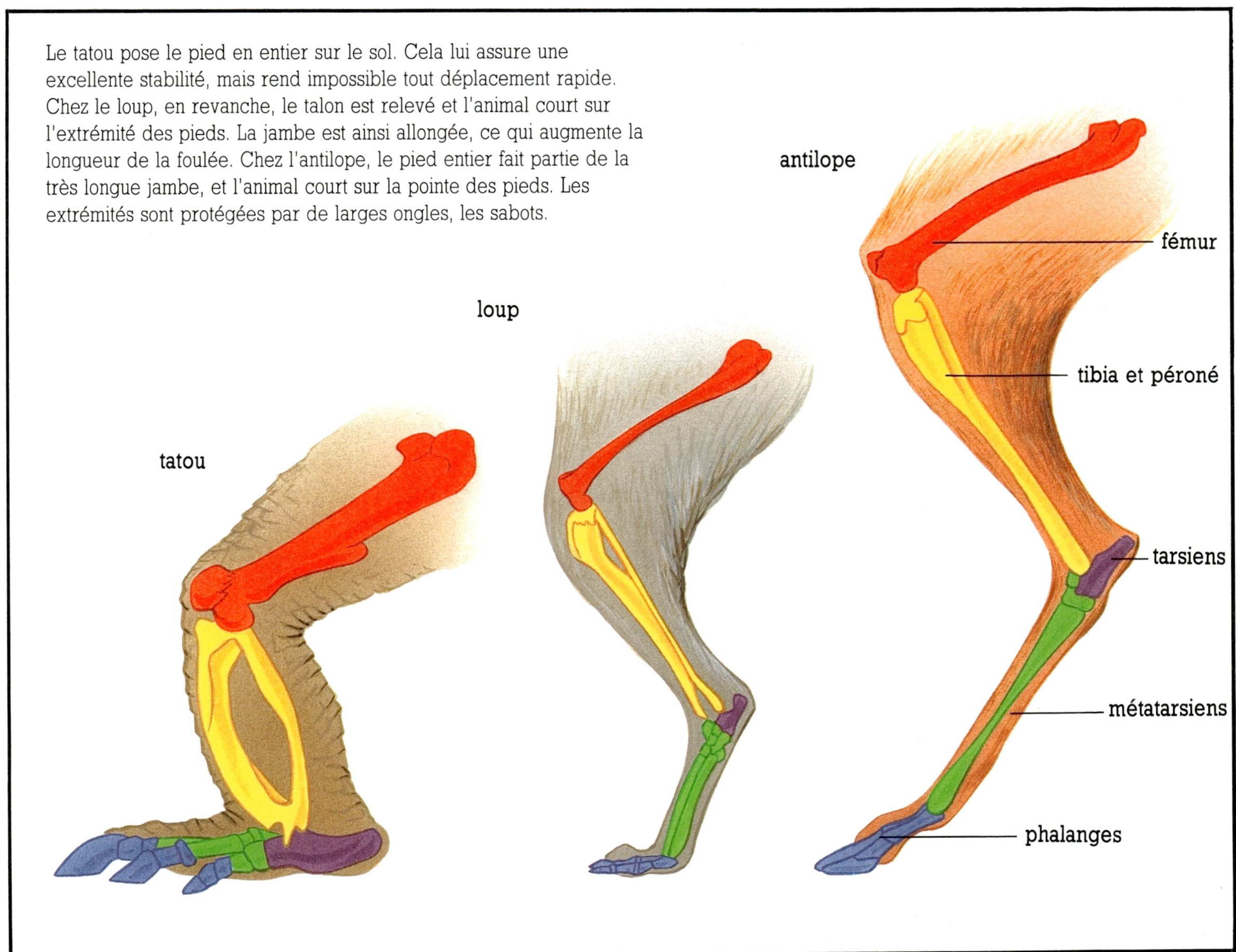

Le tatou pose le pied en entier sur le sol. Cela lui assure une excellente stabilité, mais rend impossible tout déplacement rapide. Chez le loup, en revanche, le talon est relevé et l'animal court sur l'extrémité des pieds. La jambe est ainsi allongée, ce qui augmente la longueur de la foulée. Chez l'antilope, le pied entier fait partie de la très longue jambe, et l'animal court sur la pointe des pieds. Les extrémités sont protégées par de larges ongles, les sabots.

LE VOL

Lorsqu'un avion se déplace, l'air se déplace plus rapidement au-dessus de l'aile qu'au-dessous. La pression de l'air plus forte sur la face inférieure pousse l'aile vers le haut.

Un avion se manœuvre par divers mécanismes situés sur les ailes et la queue, tels les ailerons et les volets.

La buse possède de grandes et larges ailes capables de produire une force ascensionnelle importante à vitesse lente. L'oiseau oriente son vol en modifiant l'angle des ailes et le mouvement des plumes.

Les oiseaux, les insectes et les chauves-souris sont passés maîtres dans l'art du vol, et se maintiennent en l'air en battant des ailes. Tous les autres animaux « volants », comme l'écureuil volant, le phalanger volant, le galéopithèque, le dragon volant, la grenouille volante et le poisson volant se contentent de planer.

Le vol implique l'action de deux forces. La force ascensionnelle, d'une part, propulse vers le haut et vainc l'attraction terrestre, et la poussée, d'autre part, propulse vers l'avant et vainc la résistance de l'air. Sur un avion, par exemple, la force ascensionnelle résulte de la forme des ailes. L'air se déplace plus rapidement sur la surface supérieure de l'aile et sa pression est ainsi réduite. La pression plus forte sous l'aile fait naître la force ascensionnelle. La poussée est obtenue par les moteurs de l'avion.

L'aile d'un oiseau exploite la force ascensionnelle de la même façon. La poussée résulte du battement d'ailes ; l'extrémité des ailes s'incline au moment où l'aile s'abaisse, créant un courant d'air vers l'arrière qui pousse l'oiseau en avant. La poussée s'obtient également par l'inclinaison des plumes situées à l'arrière des ailes.

Les ailes sont de formes variées, selon l'habitat des oiseaux et la façon dont ils volent. Les ailes de l'albatros, par exemple, sont longues et fines, et lui permettent de planer rapidement, en utilisant les courants aériens qui circulent juste au-dessus de la surface de la mer. Au contraire, la buse possède de larges ailes adaptées au vol plané lent dans les hautes sphères. Les longues ailes en

Les ailes du martinet
alpin, fines et aplaties,
sont adaptées au vol
rapide. Celles d'un
chasseur à réaction sont
conçues sur le même
principe.

Les ailes longues et fines
de l'albatros lui
permettent de planer juste
au-dessus de la surface
de la mer lorsqu'il est en
quête de nourriture.

Les ailes courtes et larges
du faisan lui permettent
de s'envoler rapidement
entre les arbres lorsqu'il
est dérangé.

faucille du martinet sont adaptées au vol rapide. Les ailes courtes et larges du faisan lui permettent de s'envoler rapidement à la verticale.

Les ailes des chauves-souris sont constituées d'une fine membrane, tendue entre les membres antérieurs et postérieurs et soutenue par quatre longs doigts du membre antérieur. La membrane est incurvée pour augmenter la surface portante. La poussée est créée par l'inclinaison du bord arrière de la membrane.

Les insectes ont des ailes plates. Mais comme la plupart sont très légers, ils parviennent quand même à battre des ailes et à produire ainsi la force ascensionnelle et la poussée.

Certains insectes constituent une énigme. Une abeille, par exemple, est en théorie trop lourde pour s'élever du sol !

Ci-dessus : l'oiseau génère force ascensionnelle et poussée en battant des ailes de haut en bas.

À gauche : les chauves-souris sont les seuls mammifères capables de voler. Lors du battement, les ailes s'incurvent, créant ainsi la force ascensionnelle nécessaire à l'envol. La poussée se produit à l'arrière des ailes.

LES SENS

On dit des mammifères qu'ils possèdent cinq sens — la vue, l'ouïe, le goût, l'odorat et le toucher. Les principaux organes sensoriels se trouvent pour la plupart dans la tête, près du cerveau.

C'est grâce à leurs sens que les animaux peuvent trouver leur nourriture et détecter la présence des autres. Les cinq sens principaux sont la vue, l'ouïe, le goût, l'odorat et le toucher, mais les animaux possèdent également d'autres sens.

De nombreux animaux disposent d'organes sensibles à la lumière. Chez les vertébrés, l'œil est constitué d'un cristallin qui envoie une image à des cellules photosensibles. Un œil d'insecte se compose de multiples unités tubulaires, constituées chacune d'un cristallin et d'un récepteur photosensible.

Les animaux entendent grâce à des récepteurs qui détectent les vibrations sonores. Chez les insectes et les vertébrés, une membrane que l'on appelle le tympan capte les vibrations et les transmet aux cellules sensorielles.

Le goût et l'odorat nécessitent également des cellules sensorielles qui détectent les substances chimiques. Les récepteurs du goût réagissent à la pré-

À gauche : une mouche voit avec des yeux composés, ainsi appelés car ils sont constitués chacun de plusieurs centaines de récepteurs.

Ci-dessus : le serpent se sert de sa langue bifide pour analyser l'air environnant. Les récepteurs sensoriels se trouvent dans l'organe de Jacobson, qui est constitué de deux petites fosses contiguës s'ouvrant dans le palais. Lorsque la langue revient dans la bouche, ses extrémités se logent dans les fosses et les substances chimiques captées sont alors goûtées.

Ci-dessus : les poissons disposent d'un système sensoriel particulier, la ligne latérale, qui détecte obstacles et mouvements. Elle est en fait constituée d'un canal situé à fleur de peau qui renferme une série de cellules sensibles aux vibrations.

À gauche : la coquille Saint-Jacques est dotée de deux rangées d'yeux situées sur les bords du manteau. Ils ne peuvent détecter les formes, mais sont sensibles aux variations de lumière. Ainsi, lorsqu'une ombre passe, le mollusque se referme rapidement.

sence de substances chimiques dans les aliments. L'organe de l'odorat détecte ces substances dans l'air.

Le toucher est un sens complexe, qui combine l'action de plusieurs récepteurs et peut ainsi être considéré comme un ensemble de sens distincts. La peau de l'homme, par exemple, comporte des récepteurs sensibles au chaud, au froid, au contact, à la douleur ou à la pression. Il existe également des organes sensoriels appelés propriocepteurs. Ils fournissent des informations sur l'état interne du corps, comme le degré de tension d'un muscle ou la position du corps par rapport à la force de gravité. Tous ces éléments s'associent pour créer une

sensation lors du déplacement d'une partie du corps.

Les animaux peuvent également détecter les changements de température, les variations de l'humidité de l'air et de la salinité de l'eau.

Les poissons possèdent un système sensoriel appelé ligne latérale et constitué d'une rangée de récepteurs de chaque côté du corps. Ceux-ci détectent les vibrations émises dans l'eau autour du poisson. Les requins et certains autres poissons possèdent également des organes faciaux, sensibles aux variations du champ électrique provoquées par d'autres poissons, ou même par de petites proies comme les crevettes.

35

LA COMMUNICATION

Un animal peut éprouver le besoin de communiquer avec un autre pour de multiples raisons : pour signaler qu'il est prêt à s'accoupler et recherche un partenaire, pour repousser des rivaux, ou encore pour avertir les autres d'un danger.

Pour communiquer, les animaux emploient des signaux visuels, sonores et chimiques variés. Les humains communiquent surtout par des sons, organisés en de multiples langues qui peuvent être écrites ou transmises visuellement. Les êtres humains communiquent aussi beaucoup par signaux visuels, et utilisent par exemple leurs mains ou parfois même le corps entier pour transmettre un message.

De nombreux animaux communiquent également par les sons. Les oiseaux, par exemple, chantent pour signaler leur présence. Les oies sifflent bruyamment en cas de danger, mais poussent de légers cris pour garder le

Ci-dessus : une grenouille mâle coasse pour attirer une partenaire. Le son résulte de l'expulsion de l'air des poumons, qui transite par deux sacs vocaux.

Ci-dessus, à droite : un chimpanzé manifeste ses émotions par des expressions du visage : regard pensif, sourire de plaisir, colère.

contact lorsqu'elles volent en formation. Les sauterelles se manifestent en frottant leurs ailes antérieures l'une contre l'autre ; elles peuvent émettre environ 13 signaux différents. Les grenouilles coassent pour attirer leur partenaire. Des baleines séparées par des centaines de kilomètres « chantent » pour communiquer entre elles.

Les signaux visuels sont encore plus courants. Les couleurs vives peuvent servir à attirer un partenaire potentiel, et de nombreux animaux effectuent des parades nuptiales (voir page 54). Le crabe violoniste mâle se sert de son énorme pince pour se manifester auprès d'une partenaire, mais aussi pour repousser ses rivaux. Lorsqu'une abeille ouvrière découvre une nouvelle source de nourriture, elle communique sa découverte aux autres abeilles de la ruche en effectuant une danse élaborée combinée à des signaux acoustiques. Les singes peuvent exprimer des sentiments par des expressions du visage.

Les signaux chimiques sont également importants pour de nombreux animaux. Les fourmis laissent une trace odorante entre la fourmilière et la source de nourriture afin que les ouvrières puissent aller et venir sans se perdre. De nombreux mammifères se servent des odeurs pour marquer les limites de leur territoire. De nombreuses femelles d'insectes attirent les mâles en libérant un message chimique appelé phéromone ; les mâles en détectent les traces grâce à leurs antennes velues.

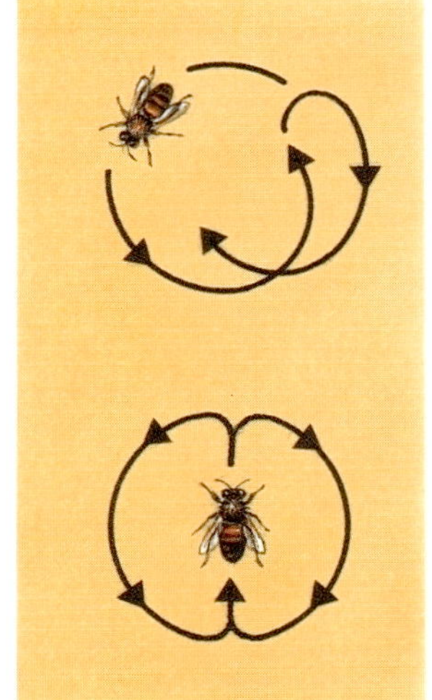

À gauche : lorsqu'une abeille découvre une nouvelle source de nectar, elle regagne la ruche et effectue une danse animée. Celle-ci indique aux autres ouvrières l'éloignement et la direction de la source. Un cercle signale une source proche. Une source plus éloignée est indiquée par un huit. L'angle de la ligne centrale montre la direction de la nourriture par rapport au soleil.

INSTINCT ET APPRENTISSAGE

Une partie du comportement animal s'apprend et s'acquiert peu à peu tout au long de la croissance et de la découverte du monde environnant. D'autres formes de comportement sont purement instinctives. Cela signifie qu'elles n'ont nul besoin d'être apprises. Le comportement instinctif est hérité des parents. Il fait autant partie de l'animal que d'autres caractères, comme la couleur de son pelage, ses plumes ou sa coquille.

Le comportement instinctif est souvent une forme de protection. Un jeune mammifère, comme un chaton, par exemple, a instinctivement peur du vide, même si celui-ci est recouvert d'une plaque de verre que le chaton peut sentir avec sa patte. La même peur du vide est fréquente chez les humains.

L'essentiel du comportement des invertébrés est instinctif, bien que certains insectes montrent une capacité d'apprentissage limitée. Les animaux plus évolués, en revanche, apprennent en grandissant. En général, plus l'animal est évolué, plus sa capacité d'apprentissage est importante. De nombreux animaux apprennent à reconnaître leur environnement ; même une tortue peut apprendre à retrouver son chemin dans un labyrinthe simple. Les jeunes oiseaux doivent apprendre à se poser correctement en faisant face au vent. Les rats et

Un poussin a instinctivement peur de tout ce qui bouge. Peu à peu, cependant, il apprend à distinguer les prédateurs (ci-dessus) des animaux inoffensifs (à gauche).

les écureuils apprennent à résoudre des problèmes relativement complexes pour accéder à des sources de nourriture.

Dans de nombreux cas, le comportement appris se définit comme un instinct modifié par l'expérience. En effet, les jeunes carnivores qui possèdent l'instinct de la chasse, doivent quand même apprendre à tuer leur proie de façon efficace pour pouvoir survivre à l'âge adulte. La réaction instinctive des jeunes poussins à l'aspect des objets se déplaçant au-dessus d'eux change également avec l'expérience. Au bout d'un certain temps, le poussin apprend à distinguer les créatures inoffensives des prédateurs potentiels. Il apprend même à faire la différence entre les canards et les oies, qui possèdent un long cou, et les oiseaux de proie, reconnaissables à leur cou court.

Ci-dessus : un chaton de quatre semaines recule instinctivement face au vide, même si celui-ci est recouvert d'une plaque transparente de plastique ou de verre.

À gauche : un jeune carnivore, tel ce lionceau, joue avec tout ce qui bouge. Il perfectionne ainsi sa technique de chasse et apprend à reconnaître ses proies.

LES DÉSERTS

L'eau constitue une part importante du corps de l'animal, elle est indispensable à sa survie. Dans les régions désertiques, l'eau est rare, et les animaux du désert ont donc dû s'adapter pour constituer des réserves.

La plupart des déserts sont des régions chaudes et la chaleur augmente les pertes en eau des organismes vivants. En outre, de nombreux processus vitaux cessent de fonctionner lorsque le corps est trop chaud, et il faut donc que l'animal maintienne la température de son corps à un niveau constant. Pour ce faire, il peut transpirer : l'évaporation de l'eau à la surface du corps contribue à le refroidir. Mais ceci implique une perte d'eau importante.

De nombreux animaux du désert résolvent les problèmes de chaleur et de perte d'eau en passant la journée dans un terrier ; ils n'en ressortent que pour se nourrir, après la tombée de la nuit, lorsque la température est plus fraîche. Les animaux herbivores limitent la déperdition d'eau en produisant des fèces très sèches et de petites quantités d'urine très concentrée. Certains rongeurs font des réserves de nourriture dans leur terrier, où les aliments absorbent l'humidité de l'air. La souris marsupiale emploie une autre méthode de survie. Dans sa queue, elle emmagasine de la graisse, qui se transforme en partie en eau lorsque cela lui est nécessaire.

Les animaux du désert de plus grande taille doivent faire face à la chaleur. Les chameaux et certaines antilopes, comme l'oryx ou l'addax, laissent leur corps se réchauffer plus que les autres animaux, et ne commencent à transpirer qu'à des températures beaucoup plus élevées. L'addax ne boit jamais ; il parvient à survivre grâce à la rosée et à l'eau contenues dans les aliments. Les chameaux peuvent rester longtemps sans boire.

Les animaux prédateurs ont moins de problèmes ; leur proie contient la majeure partie de l'eau dont ils ont besoin. Nombre d'entre eux se reposent dans la journée, et s'activent davantage la nuit lorsque les rongeurs et autres herbivores sortent de leur terrier. Les grandes oreilles du fennec, qui vit dans le désert du Sahara, lui servent à repérer des proies. Pendant la journée, leur surface importante permet à l'animal de mieux éliminer l'excès de chaleur.

Le ganga est l'un des rares oiseaux vivant dans le désert. Il niche loin des points d'eau et doit parcourir chaque jour de longues distances pour imbiber d'eau son plumage abdominal et la rapporter à ses petits.

Les lapins du désert font des réserves de nourriture dans leur terrier.

À gauche : le ganga peut voler sur des kilomètres pour trouver de l'eau pour ses petits. Il en imbibe son plumage abdominal.

Les petits animaux du désert sont surtout nocturnes. Les espèces de plus grande taille ont dû s'adapter à la chaleur et à la sécheresse.

Les dromadaires emmagasinent la graisse dans leur bosse qui constitue ainsi une réserve d'énergie.

La souris marsupiale stocke la graisse dans sa queue.

LES RÉGIONS POLAIRES

morse

manchot empereur

phoque

bœuf musqué

renard polaire

lièvre variable

Le froid extrême peut empêcher le fonctionnement des processus vitaux, tout comme l'extrême chaleur (voir page 40). Les animaux qui ont besoin de chaleur pour chauffer leur corps, comme les reptiles et les amphibiens, ne vivent pas dans les régions les plus froides du globe. Et les quelques espèces d'insectes qui vivent dans ces régions ne s'y trouvent qu'au cours des périodes les plus chaudes de l'année.

Les mammifères, par contre, sont des animaux à sang chaud. Cela signifie qu'ils produisent leur propre chaleur. Ainsi, certains mammifères vivent tout au long de l'année dans les régions les plus froides de la terre.

Quelques mammifères évitent les rigueurs de l'hiver en hibernant (voir page 44). D'autres, comme les lemmings et les campagnols des neiges, passent l'hiver dans des tunnels creusés sous la neige, à l'abri des vents glacés de la surface. Dans les régions montagneuses, les pikas font des réserves de foin dans leur terrier ; ils disposent ainsi d'assez de nourriture pour toute la durée de l'hiver.

Les animaux qui ne vivent pas directement sur le sol possèdent une épaisse couche de fourrure imperméable qui leur tient chaud. Les ours polaires ont une fourrure blanche, et certains animaux, comme le renard polaire et le lièvre variable, ont un pelage blanc en hiver. Ceci leur permet de mieux se camoufler dans la neige et de réduire leur perte de chaleur, car le blanc conserve mieux la chaleur que le noir ou le brun. Les animaux des régions froides ont également souvent de petites oreilles et une petite queue, de façon à réduire la surface corporelle exposée au froid.

Sous leur épaisse fourrure, les ours polaires sont isolés par une épaisse couche de graisse sous-cutanée. Ce sont les plus grands ours, et leur taille contribue aussi à conserver la chaleur. Les phoques et les pingouins portent aussi une couche de graisse. Au cœur de l'hiver antarctique, des groupes de manchots empereur se rassemblent pour lutter contre le froid.

Ci-dessus : les animaux des régions polaires sont bien protégés contre le froid. La couleur de leur pelage contribue à conserver la chaleur.

Page précédente : le manchot empereur se reproduit pendant l'hiver antarctique. Chaque poussin est tenu au chaud par le père.

Ci-dessous : l'ours polaire est adapté à la vie dans l'Arctique. La plante velue de ses pieds lui permet de marcher sur la glace sans glisser.

L'HIBERNATION

De nombreux animaux évitent les rigueurs de l'hiver en hibernant. Ils se plongent alors dans un sommeil profond, au cours duquel ils sont en léthargie.

Avant d'hiberner, l'animal fait des réserves de nourriture. S'il ne stocke pas assez de nourriture, il risque de ne pas survivre à l'hiver. Certains animaux, comme les hamsters, stockent de la nourriture dans leur terrier et se réveillent par intervalles pour se nourrir. D'autres font des réserves de nourriture sous forme de graisse corporelle.

Au début de l'hibernation, la température du corps diminue et les processus vitaux se ralentissent. Le cœur bat plus lentement et la respiration peut devenir presque imperceptible. Au cœur de l'hiver, la température du corps peut être de quelques degrés seulement. En limitant ses dépenses d'énergie, l'animal fait durer ses réserves de nourriture plus longtemps.

On rencontre des animaux qui hibernent dans toutes les régions où les hivers sont rigoureux. Dans les régions tempérées, les animaux hibernants sont notamment les chauves-souris, les hérissons, les loirs et plusieurs autres espèces de rongeurs. Les ours et les castors dorment pendant de longues périodes, mais ne sont pas de véritables hibernants, car ils meurent si la température de leur corps chute trop bas. La plupart des mammifères des montagnes, comme les marmottes, hibernent également, ainsi que l'écureuil arctique.

Certains animaux qui vivent dans des régions sujettes à la sécheresse subissent une sorte « d'hibernation d'été », qualifiée d'estivation. Certains rongeurs du désert, par exemple, dorment pendant les mois les plus chauds de l'année. Les dipneustes africains et sud-américains connaissent également l'estivation. Lorsque le cours d'eau commence à s'assécher, le dipneuste se creuse une sorte de terrier dans la vase. À l'intérieur, il s'enveloppe dans un cocon de mucus, où il peut survivre pendant quatre ans. Ce poisson primitif possède à la fois des branchies et un poumon. La grenouille réservoir australienne se comporte de façon semblable. Elle peut rester dans un état comparable au sommeil, dans son terrier, pendant plusieurs années entre les tempêtes de pluie.

Ci-dessus : comme beaucoup d'autres animaux, l'ours brun emmagasine de la graisse pendant l'été et dort pendant la majeure partie de l'hiver. Il n'est cependant pas un véritable hibernant, car la température de son corps ne baisse que de quelques degrés. Il peut se réveiller rapidement s'il est dérangé.

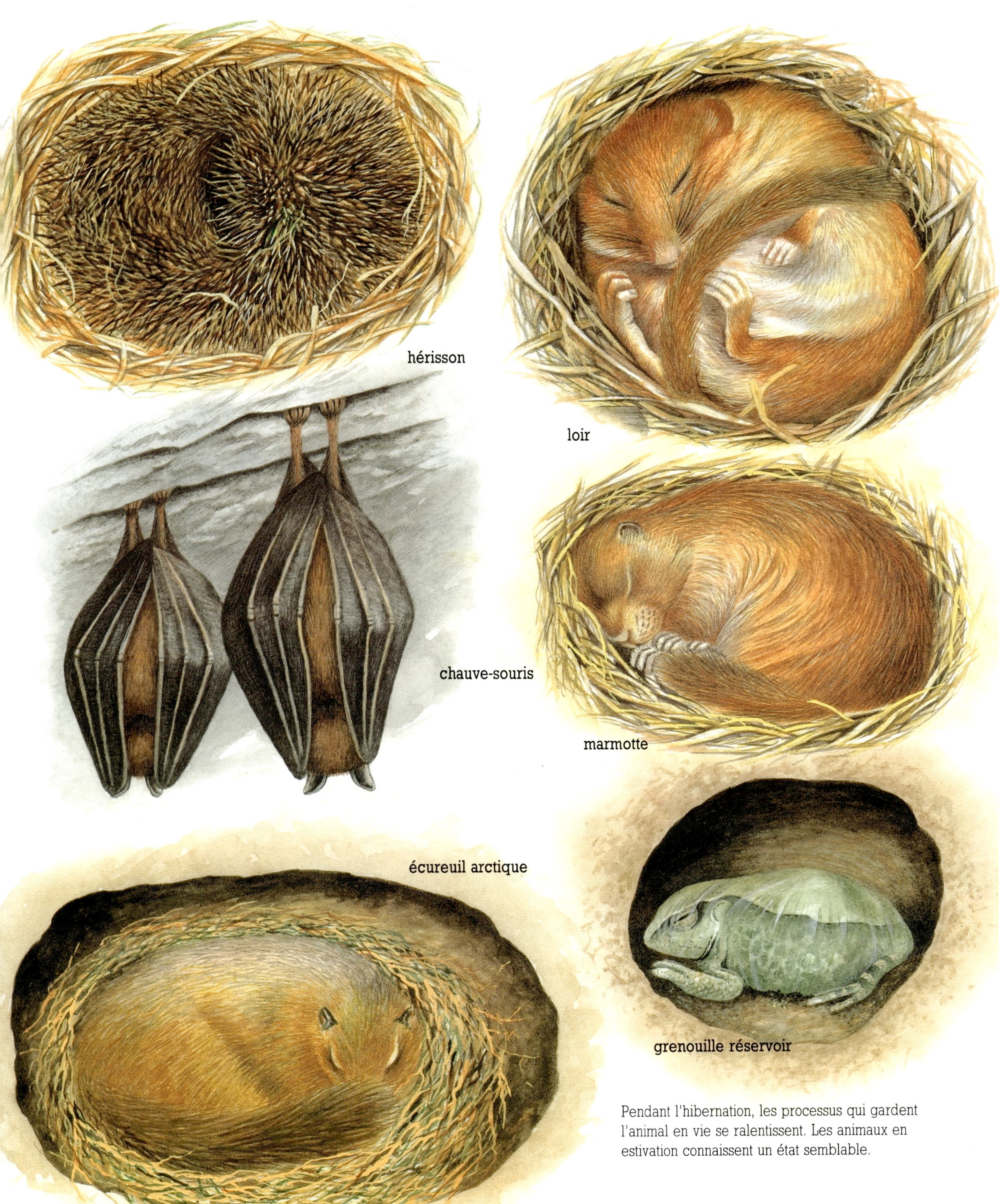

Pendant l'hibernation, les processus qui gardent l'animal en vie se ralentissent. Les animaux en estivation connaissent un état semblable.

LES ANIMAUX ET L'OUTIL

Les humains ont tendance à se considérer comme les seuls êtres vivants capables d'utiliser des outils. Mais d'autres espèces savent se servir d'outils pour obtenir de la nourriture, et dans certains cas pour se défendre.

Un outil se définit d'une façon générale comme un élément extérieur au corps de l'animal, dont celui-ci se sert pour accomplir une tâche précise. La grive, par exemple, utilise la surface d'une pierre comme enclume pour briser d'un coup de bec la coquille d'un escargot afin de le manger. Le percnoptère d'Égypte brise les œufs d'autruche en lançant une pierre dessus, ou en jetant l'œuf contre un rocher. La loutre de mer se sert d'une pierre comme d'un marteau pour ouvrir les coquilles des clams.

Une espèce de crabe utilise l'anémone de mer comme une arme : le crabe tient une anémone dans chaque pince, et les agite de façon menaçante face à l'ennemi. Le poisson-archer a quant à lui un mode de chasse original. Il lance un jet d'eau sur les insectes qui se trouvent sur les feuilles d'un arbre, et les fait ainsi tomber dans l'eau où il peut les manger.

La guêpe maçonne construit un nid de boue dans lequel elle pond un œuf, et y place une chenille paralysée dont se nourrira la larve à l'éclosion. Elle referme ensuite le nid à l'aide de galets et de terre, en se servant d'une petite pierre comme d'un marteau. Le pinson des Galapagos utilise une aiguille de cactus qu'il tient dans son bec pour extraire des larves de coléoptères du bois mort. Les ours jettent parfois des objets par jeu ou pour intimider des animaux menaçants. Certains oiseaux, comme le crabier vert américain, utilisent des appâts pour pêcher des poissons.

Mais c'est parmi les primates, le groupe de mammifères auquel appartient l'homme, que l'emploi de l'outil s'est

Parmi les animaux capables d'utiliser des outils (bâtons ou pierres surtout), on trouve le chimpanzé (à gauche), la guêpe maçonne (ci-dessous) et la loutre de mer (en bas), le pinson des Galapagos (à droite) et la grive (en bas, à droite).

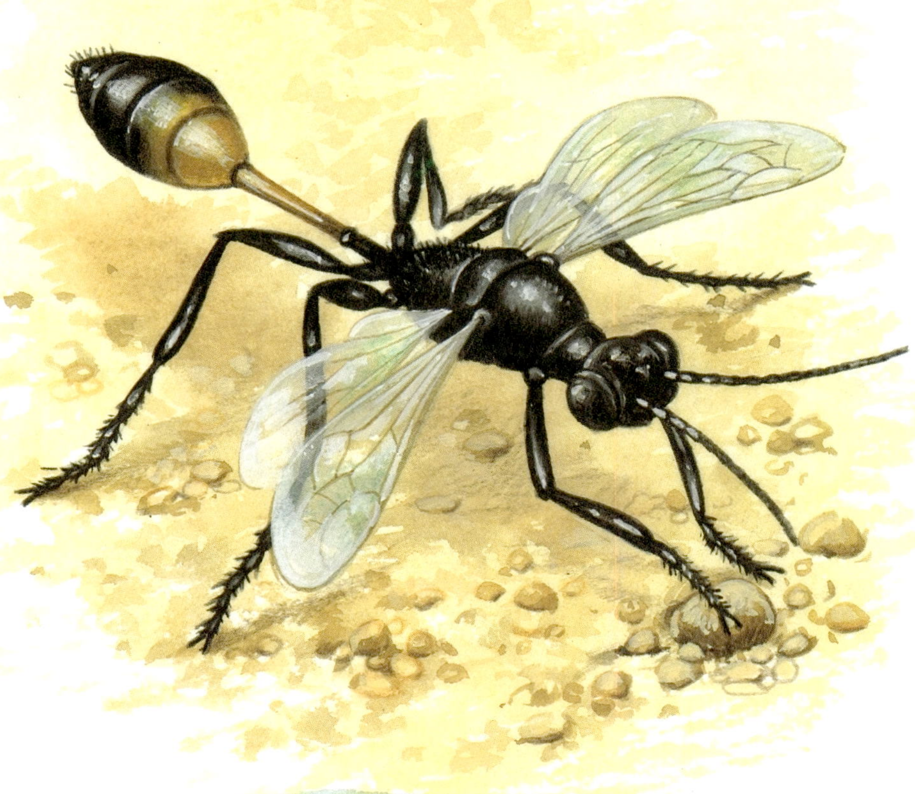

le plus développé. Les orangs-outans dans les zoos fabriquent des balançoires et des cordes avec des vêtements et de la paille. Les chimpanzés utilisent des brindilles pour attraper les fourmis dont ils sont friands et des bâtons pour soulever quelque chose. Ils se servent même de feuilles comme éponges pour absorber des liquides ou pour s'abriter de la pluie.

L'HABITAT

Certains animaux vivent, se reproduisent et élèvent leurs petits en plein air. D'autres construisent des nids ou creusent des terriers.

Les invertébrés sont rarement des bâtisseurs même si certains vers vivent dans des terriers ou construisent des tubes de pierre ou de matière calcaire autour d'eux.

Chez les vertébrés, quelques poissons, comme les épinoches, construisent des nids ; certains reptiles, tels les alligators, font de même.

Les bâtisseurs de nids les mieux connus sont cependant les oiseaux. Les espèces dont les petits naissent aveugles, nus et sans défenses, doivent les élever dans un endroit sûr. Le nid offre une certaine protection vis-à-vis des prédateurs. Les nids varient du simple entassement d'éléments végétaux au sol, aux constructions élaborées et confortables, faites de boue, de paille, de mousse et de plumes, et situées dans les buissons et dans les arbres. Les nids des tisserins sont parmi les plus remarquables. Le tisserin mâle bâtit une boule creuse à l'aide d'herbe et de débris de feuilles, en laissant une petite entrée unique. Les républicains bâtissent de gigantesques nids communautaires constamment réutilisés.

D'autres animaux s'installent également dans les arbres. Les écureuils arboricoles bâtissent des nids avec des brindilles, des bouts d'écorce, des feuilles et de la mousse.

Les orangs-outans construisent souvent des nids temporaires où ils passent la nuit, et recouvrent le nid d'un abri de

Ci-dessus : nids de tisserins sur les branches d'un saule en Afrique du Sud. Les occupants de ces nids sont à l'abri des prédateurs.

Les animaux construisent parfois un nid pour s'abriter, mais le plus souvent pour disposer d'un lieu sûr afin d'élever leurs petits.

feuilles pour le protéger de la pluie. Certaines fourmis font des nids de feuille en cousant ou en collant les feuilles bord à bord grâce à la soie produite par des larves. Le mulot construit un nid élaboré qu'il fixe sur les herbes et les tiges des céréales.

Les animaux s'installent plus rarement au sol, car ils sont alors plus vulnérables aux attaques. Le castor par exemple élève des barrages en travers des cours d'eau pour isoler son nid au milieu d'un étang.

D'autres animaux vivent dans des terriers. La taupe, par exemple, passe presque toute sa vie dans un labyrinthe de tunnels qu'elle crée et entretient. Les blaireaux, les lapins, les rats, les musaraignes et les mulots ont eux aussi un habitat souterrain.

LA VIE EN SOCIÉTÉ

Certains animaux vivent surtout seuls, d'autres vivent en famille, et d'autres encore au sein de groupes sociaux importants. Chacun de ces modes de vie a ses avantages et ses inconvénients.

Un animal indépendant a accès plus facilement à d'importantes quantités de nourriture. C'est ainsi que de nombreux mammifères carnivores mènent une vie solitaire, car les prédateurs ont souvent besoin d'un territoire de chasse étendu. Mais on trouve aussi des animaux solitaires chez la plupart des autres animaux. De nombreux animaux solitaires marquent et défendent leur territoire, et repoussent les intrus par un comportement menaçant. Le seul contact social de ces animaux a lieu lors de l'accouplement du mâle et de la femelle. Même à l'époque des amours, ils se montrent souvent agressifs l'un envers l'autre lors du premier contact (voir page 54).

Parfois, les animaux vivent en petit groupe. Il s'agit souvent de familles, composées d'un mâle et d'une femelle adultes et d'un ou plusieurs petits. Une famille de loups, par exemple, reste unie pendant un an ou deux après la naissance des louveteaux. Les loups, comme de nombreux autres membres de la famille des canidés, chassent en meutes pouvant atteindre vingt-cinq individus.

Les lions vivent également en bandes comptant jusqu'à vingt individus. La bande est constituée d'un ou plusieurs adultes mâles, d'un certain nombre de femelles et des lionceaux.

Certains animaux vivent au sein d'un groupe très important. Ce type de structure offre à chaque individu l'avantage d'être moins exposé aux prédateurs. Souvent, quelques individus servent de sentinelles et avertissent les autres en cas de danger. Parmi les animaux qui vivent en groupes, on trouve notamment les primates, comme les chimpanzés et

Les ours vivent en solitaire. Lorsque deux individus se rencontrent, l'un peut repousser l'autre. Au contraire, les lapins vivent en grandes communautés au sein desquelles chaque individu est plus en sécurité.

la plupart des singes, de nombreuses espèces d'oiseaux et les mammifères herbivores à sabot qui paissent en plein air.

Des animaux plus petits, comme les lapins, les suricates et les chiens de prairie, vivent en colonies dans des terriers. De tels groupes sont généralement régis par un ordre social strict, dans lequel certains individus dominent les autres. Les membres d'un même groupe, cependant, se battent rarement entre eux. Lorsque deux individus entrent en conflit, le plus faible se soumet.

À droite : les suricates vivent au sein de groupes importants. On les aperçoit souvent debout sur leurs pattes postérieures pour mieux observer leur environnement. Ils s'éloignent rarement de leur terrier, et au premier signe du danger, le cri d'une sentinelle alerte tout le groupe.

LES INSECTES SOCIAUX

Les meilleurs exemples de la vie en société se trouvent chez les insectes sociaux. Les termites, les fourmis, et certains types de guêpes et d'abeilles vivent en communautés très soudées. Au sein de ces groupes, chaque individu travaille pour le bien de tous. Il faut rappeler, cependant, que ce comportement n'est pas réfléchi. Il est purement instinctif et les insectes de ce type ne peuvent vivre différemment.

Les membres de ces communautés font partie de différents groupes appelés castes. Le point central de la communauté est constitué par une unique femelle reproductrice, la reine. Elle fonde la communauté et pose les bases du nid. Cependant, une fois la communauté établie, la seule fonction de la reine se limite à la ponte des œufs.

Une reine de termites, par exemple, acquiert un corps gonflé et énorme et devient incapable du moindre mouvement. Néanmoins, elle ne manque de rien et les autres membres de la communauté la nourrissent et la soignent avec application. Dans une communauté de termites, la reine est généralement accompagnée d'un mâle fécond beaucoup plus petit qu'elle, le roi. Cependant, les mâles féconds issus des communautés de fourmis, de guêpes et d'abeilles meurent peu après l'accouplement.

La construction, l'entretien, la garde du nid et l'approvisionnement en nourriture incombent à la caste dite des ouvrières. Dans les communautés de fourmis, de guêpes et d'abeilles, les ouvrières sont toutes des femelles stériles, mais chez les termites, les deux sexes sont représentés. Dans les colonies de fourmis et de termites, certains individus sont pourvus d'énormes mandibules ou d'une sorte de long éperon grâce auquel ils peuvent projeter un liquide visqueux. Ils font partie de la

caste des soldats, qui défendent la colonie.

Les mâles féconds naissent généralement à la fin de l'été, en même temps que les nouvelles reines. Dans une colonie d'abeilles, la première reine qui voit le jour tue les autres, puis s'envole suivie d'un essaim de mâles.

Une colonie de guêpes produit plusieurs nouvelles reines, qui hibernent pendant l'hiver avant de fonder de nouvelles colonies au printemps. Les fourmis et les termites donnent naissance à de nombreux mâles et femelles volants. Après l'accouplement, les ailes tombent et les femelles fécondées fondent de nouvelles colonies.

À gauche : énormes termitières en Australie. Chaque termitière peut abriter environ deux millions d'individus, dont la plupart forme la caste ouvrière. La reine peut vivre quinze ans, et certaines termitières restent inhabitées pendant près de cinquante ans.

À l'extrême gauche : un nid de guêpes est souvent construit dans une cavité souterraine. La reine commence la construction du nid et élève les premières larves (au centre). Celles-ci deviennent des ouvrières, beaucoup plus petites que la reine.

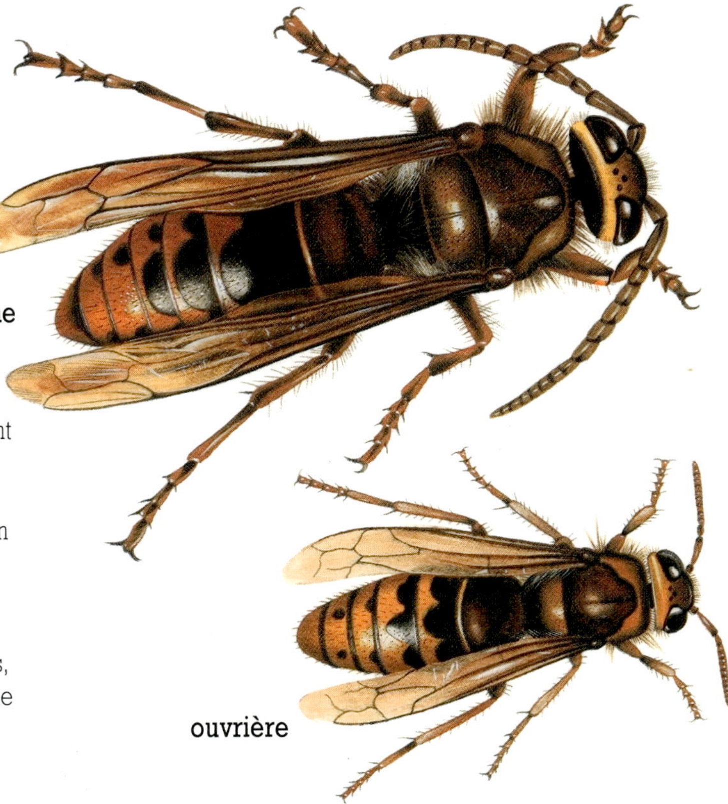

LES PARADES NUPTIALES

Pour se reproduire, un mâle et une femelle de la même espèce doivent s'accoupler. Dans de nombreux cas, l'accouplement est précédé d'un rituel exécuté par l'un des partenaires, ou par les deux. Il s'agit de la parade nuptiale.

La parade nuptiale a plusieurs fonctions. Elle permet aux futurs partenaires de s'assurer qu'ils sont de la même espèce et de sexe différent. C'est particulièrement important lorsque mâle et femelle sont d'aspect très semblable. Grâce à la parade nuptiale, les partenaires montrent qu'ils sont prêts à l'accouplement. Ce rituel les aide aussi à surmonter l'attitude agressive naturelle qui éloigne généralement les individus les uns des autres lorsqu'ils se rencontrent sur un même territoire.

Cependant, la parade nuptiale permet surtout à la femelle de trouver un mâle robuste et en bonne santé. Ainsi, le couple transmettra ses meilleurs caractères à la génération suivante. Dans de nombreux cas, les mâles rivalisent entre eux pour attirer l'attention des femelles, et des combats peuvent se produire. Ceux-ci provoquent rarement la mort d'un des deux mâles, mais la domination du plus fort est établie.

La durée et l'importance de la parade nuptiale varient considérablement. Lorsque les mâles ont combattu pour obtenir la domination, l'accouplement suit souvent sans autre forme de parade nuptiale. Un cerf, par exemple, s'accouple à l'une des biches de sa harde sans grande cérémonie. Le papillon agreste mâle, en revanche, accomplit une danse nuptiale élaborée devant sa future partenaire.

Parfois, les mâles adoptent des cou-

Ci-dessus : le mâle et la femelle de l'albatros sont semblables et participent tous les deux à la parade nuptiale.

Dans de nombreux rituels, le mâle parade devant la femelle. Le tétras-lyre (ci-dessus) cherche à attirer l'attention des femelles. Le papillon agreste (à droite) volette autour d'une partenaire potentielle, et le triton vulgaire (en bas) se pare d'une crête dorsale, de taches noires et d'un ventre orange.

leurs de parade nuptiale, comme dans le cas de l'épinoche. Le triton vulgaire mâle acquiert une crête dorsale et des taches sombres sur le corps. Les escargots de jardin tournent l'un autour de l'autre, en se rapprochant de plus en plus, puis se stimulent mutuellement, avec leur « dard ».

Les parades nuptiales élaborées sont très communes chez les oiseaux. Les tétras-lyres mâles se pavanent tous ensemble dans un espace appelé arène. Les femelles choisissent les mâles qui ont accompli la plus belle parade. Les oiseaux de paradis mâles dansent pour faire montre de leur magnifique plumage. Lorsque les deux sexes sont semblables, les deux partenaires paradent. Les grèbes huppés, par exemple, accomplissent une série de danses complexes avant l'accouplement.

LA REPRODUCTION

Comme tous les êtres vivants, les animaux meurent un jour ; c'est pourquoi ils doivent se reproduire pour perpétuer l'espèce. Une cellule se reproduit en se divisant en deux. Chaque nouvelle cellule contient un nouveau noyau, semblable à l'original, et une série d'organites (voir page 9). Ce processus constitue la base de toute reproduction des organismes vivants.

Il existe deux formes de reproduction, asexuée et sexuée. La reproduction asexuée ne requiert qu'un seul parent et les petits sont tous identiques au géniteur. L'amibe, par exemple, se divise simplement en deux pour se reproduire, et ce processus se répète indéfiniment. L'hydre, type de cœlentéré d'eau douce, se reproduit en formant un bourgeonnement de cellules sur son côté, qui se transforme en un nouvel individu. Par la suite, celui-ci se détache et vit indépendamment.

Un nombre important de nouveaux individus peuvent naître par reproduction asexuée, et de nombreux animaux se reproduisant sexuellement connaissent une phase asexuée au cours de leur vie. Les pucerons, par exemple, se reproduisent de façon asexuée pendant l'été par un processus dit de parthénogenèse, au cours duquel l'œuf se développe sans avoir été fécondé. La reproduction asexuée permet à une population animale d'augmenter rapidement lorsque la nourriture est abondante.

Au cours de la reproduction sexuée,

Une amibe se reproduit en se divisant simplement en deux (ci-dessus, à droite). Le noyau se divise d'abord, suivi du reste de la cellule. La reproduction des autres animaux se fait généralement selon un processus sexué, au cours duquel l'œuf est fécondé par un gamète mâle (extrême droite). Certains animaux pratiquent à la fois la reproduction sexuée et asexuée.

deux individus apportent chacun une cellule reproductrice spéciale, ou gamète. Dans la plupart des cas, le gamète femelle, l'ovule, est plus grand. Le gamète mâle, le spermatozoïde, est plus petit et a la capacité d'aller à la rencontre du gamète femelle. Les deux gamètes fusionnent lors d'un processus dit de fécondation. La cellule résultante se développe ensuite en un nouvel individu.

Dans la reproduction sexuée, chaque parent contribue pour moitié au matériel génétique du nouvel individu. Il se produit donc diverses combinaisons des caractères des parents. La variété chez les petits est d'autant plus grande que le matériel génétique est parfois brisé puis remodelé au cours de la production des cellules reproductrices. Cette variété aide également les espèces à s'adapter et à évoluer (voir L'évolution, page 16).

Ci-dessus : un escargot de Bourgogne pond ses œufs. Les œufs ont déjà été fécondés par le spermatozoïde d'un autre escargot.

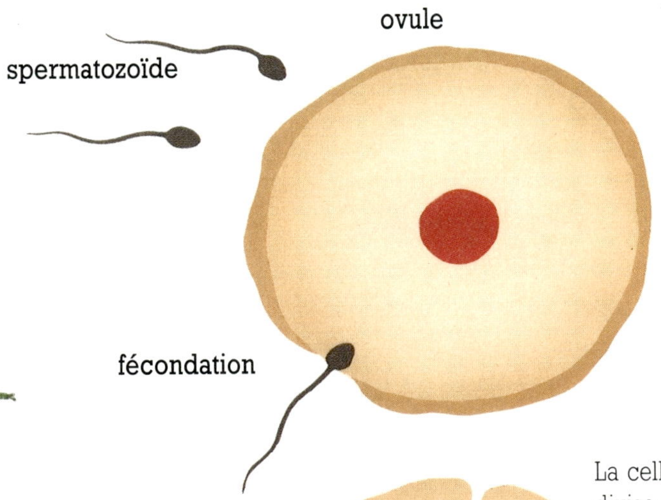

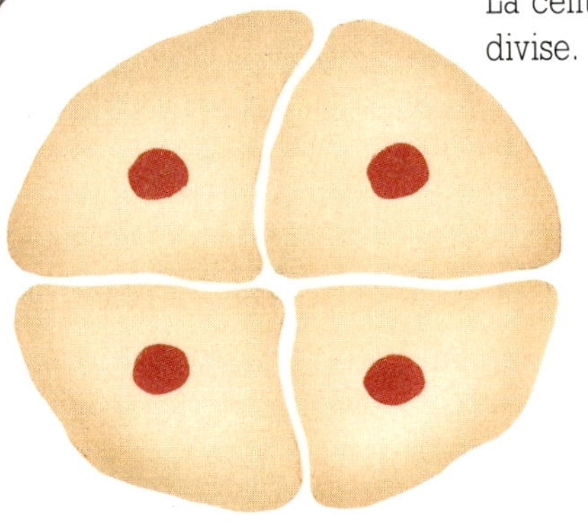

La cellule fécondée se divise.

À gauche : les pucerons, par exemple, se reproduisent de façon sexuée au printemps, mais pendant l'été, les femelles donnent naissance à plusieurs générations de façon indépendante.

L'ÉLEVAGE DES PETITS

Lorsque l'œuf a été fécondé, le nouvel individu commence à se développer. Une partie de l'œuf forme le vitellus, qui sert à nourrir l'embryon. Lorsque le vitellus est peu important, comme chez la plupart des invertébrés, le jeune sort de l'œuf relativement tôt. Dans de nombreux cas, à l'éclosion, le jeune n'est qu'une larve très différente de l'adulte. Elle doit alors se nourrir et grandir pour atteindre sa taille adulte. Elle ne peut se reproduire et consacre toute son énergie à sa croissance. Pendant ce processus, elle subit parfois plusieurs métamorphoses (voir page 60).

Les reptiles et les oiseaux pondent des œufs plus grands avec davantage de vitellus. Ainsi, leur progéniture peut demeurer plus longtemps à l'intérieur de l'œuf et l'éclosion se produit à un stade plus avancé. Chez les mammifères, le

Un scorpion femelle transporte ses petits sur son dos jusqu'après leur première mue. Ceci augmente leurs chances de survie.

dingo et son petit

Tous les mammifères et les oiseaux s'occupent de leurs petits. Les cichlidés, en revanche, diffèrent des autres poissons, qui pour la plupart abandonnent leurs œufs dès la ponte.

bouvreuil et ses petits

cichlidé

jeune se développe dans le corps de la mère. Il se nourrit grâce au placenta.

La qualité des soins prodigués par les parents a bien sûr une influence sur le nombre de jeunes qui parviennent à l'âge adulte. Les espèces qui ne protègent ni ne s'occupent de leur progéniture doivent engendrer un plus grand nombre de petits afin que quelques-uns puissent survivre. De nombreuses larves de papillon, par exemple, sont la proie des oiseaux. Des tonnes de larves de crabe sont mangées par les animaux marins ; les œufs des poissons, appelés frai, et les têtards constituent la nourriture des créatures d'eau douce.

Les animaux qui s'occupent de leurs petits ont une progéniture moins importante. Ainsi, en général, les reptiles pondent moins d'œufs que les amphibiens et les poissons. Les oiseaux, qui s'occupent tous de leurs petits après l'éclosion, pondent encore moins d'œufs. Chez de nombreux mammifères, lorsque les jeunes sont élevés par l'un des parents (ou les deux) pendant quelque temps après leur naissance, on compte seulement un ou deux petits par portée.

Il existe cependant des parents attentifs dans tous les groupes d'animaux. De nombreuses araignées emportent leurs œufs lorsqu'elles se déplacent et veillent sur leurs petits après l'éclosion. Les cichlidés se comportent de la même façon ; chez certaines espèces, les jeunes se réfugient dans la cavité buccale de l'adulte en cas de danger. Le mâle du crapaud accoucheur porte les œufs sur son dos dans les replis de sa peau jusqu'à ce qu'ils éclosent. Plusieurs lézards et serpents sont ovovivipares, c'est-à-dire que les œufs éclosent dans le corps de la mère.

CYCLES DE VIE ET LARVES

Les œufs de nombreux animaux se transforment en larves. C'est souvent le cas chez les animaux marins, car les larves, en nageant, permettent à l'espèce de s'implanter sur une zone étendue. Les larves des vers marins, des crabes, des mollusques, des échinodermes et de beaucoup d'autres nagent au sein d'une masse flottante de plantes et d'animaux minuscules, le plancton.

Mais les larves les plus familières sont probablement celles des insectes, comme les chenilles qui deviennent des papillons de jour et de nuit, les larves des abeilles et des coléoptères, et les asticots qui deviennent des mouches. Ces larves se nourrissent activement : elles dévorent littéralement et muent par intervalles. Cela signifie qu'elles perdent leur peau relativement molle pour laisser place à un corps en croissance rapide. Après chaque mue, une nouvelle peau, plus grande, apparaît.

Après la dernière mue, cependant, la larve subit une métamorphose complète. La tête et les membres de l'animal dis-paraissent en partie ou en totalité et la nouvelle peau est différente. D'abord molle, elle durcit très vite et fonce ; la larve se transforme en pupe.

Rien ne se produit d'abord, mais des changements considérables ont lieu à l'intérieur. Le corps de la larve se transforme en une sorte de « soupe » nutritive. Quelques petits groupes de cellules demeurent et forment un nouveau corps. Enfin, l'animal émerge de son enveloppe sous sa forme adulte.

D'autres insectes subissent une métamorphose plus progressive. Les sauterelles, les termites et les libellules sortent de l'œuf sous forme de nymphe. Les nymphes ressemblent aux adultes, mais n'ont pas d'ailes et ne peuvent se reproduire. Comme les chenilles, les nymphes muent par intervalles, mais l'état de pupe n'existe pas. Les nymphes se transforment en adultes ailés lors de la mue finale. Le têtard de l'amphibien subit une métamorphose progressive semblable pour devenir un triton, une salamandre, un crapaud ou une grenouille adulte.

Ci-dessous : le têtard qui vient de naître absorbe l'oxygène grâce à des branchies externes. Celles-ci sont bien vite remplacées par des branchies internes, puis par des poumons. En même temps, le têtard acquiert des pattes, puis perd sa queue, se transformant ainsi en grenouille.

Cycle de vie du monarque, qui vit dans les deux Amériques. Les motifs sur le papillon et la chenille indiquent aux prédateurs potentiels qu'ils contiennent des substances toxiques.

Le mâle et la femelle s'accouplent queue contre queue.

À l'intérieur de la chrysalide, la chenille se transforme en un papillon adulte. Puis l'enveloppe se brise, et le papillon adulte apparaît.

Après l'accouplement, la femelle pond de nombreux œufs minuscules sur les feuilles d'une plante, qui servira de nourriture aux chenilles. Il s'agit ici d'un œuf de vulcain.

Lorsque la chenille a acquis sa forme définitive, la pupe luisante apparaît sous la dernière peau.

Après l'éclosion, la chenille du monarque se nourrit de plantes à suc laiteux. Ces plantes contiennent des toxines que la chenille assimile.

LES MIGRATIONS

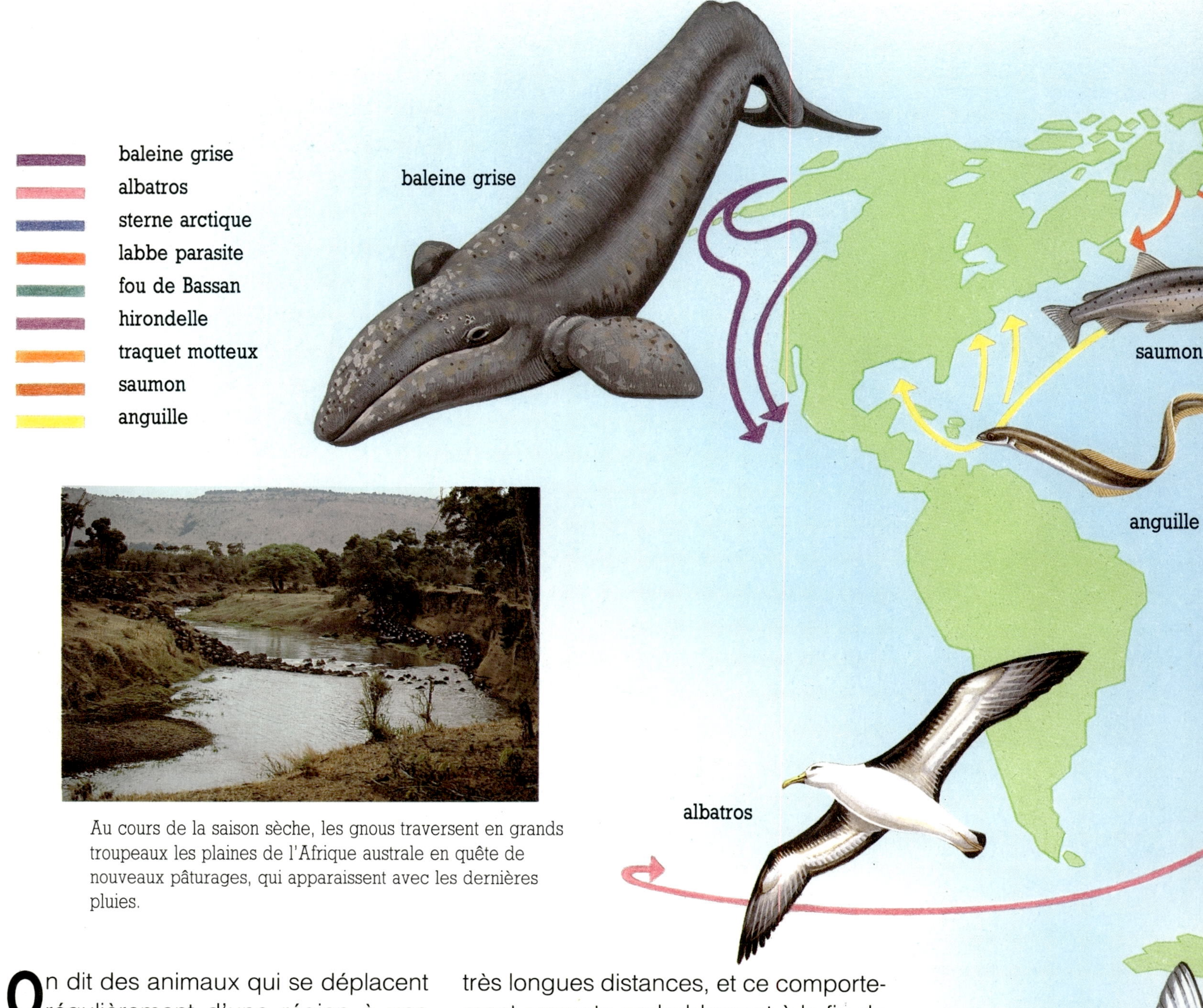

Au cours de la saison sèche, les gnous traversent en grands troupeaux les plaines de l'Afrique australe en quête de nouveaux pâturages, qui apparaissent avec les dernières pluies.

On dit des animaux qui se déplacent régulièrement d'une région à une autre qu'ils migrent. Généralement, ils se rendent dans des lieux où la nourriture est abondante à une époque particulière de l'année. De nombreux oiseaux insectivores qui se reproduisent pendant l'été dans des régions tempérées du globe, par exemple, se rapprochent de l'équateur en automne, les insectes étant rares dans les régions tempérées pendant l'hiver. Au printemps, les oiseaux reviennent, car la nourriture est alors moins abondante dans les régions plus sèches. Certains oiseaux du nord migrent sur de très longues distances, et ce comportement remonte probablement à la fin de la dernière ère glaciaire, il y a environ 11 000 ans. Lorsque les glaces se retirèrent vers le nord, les insectes colonisèrent les nouvelles terres découvertes et les oiseaux les suivirent. Mais, chaque automne, les oiseaux regagnèrent les régions où ils avaient l'habitude de passer l'hiver. Peu à peu, leurs voyages s'allongèrent.

Les sources de nourriture sont la cause de nombreuses migrations. Les puffins suivent les bancs de poissons qui se déplacent à travers l'océan Pacifique,

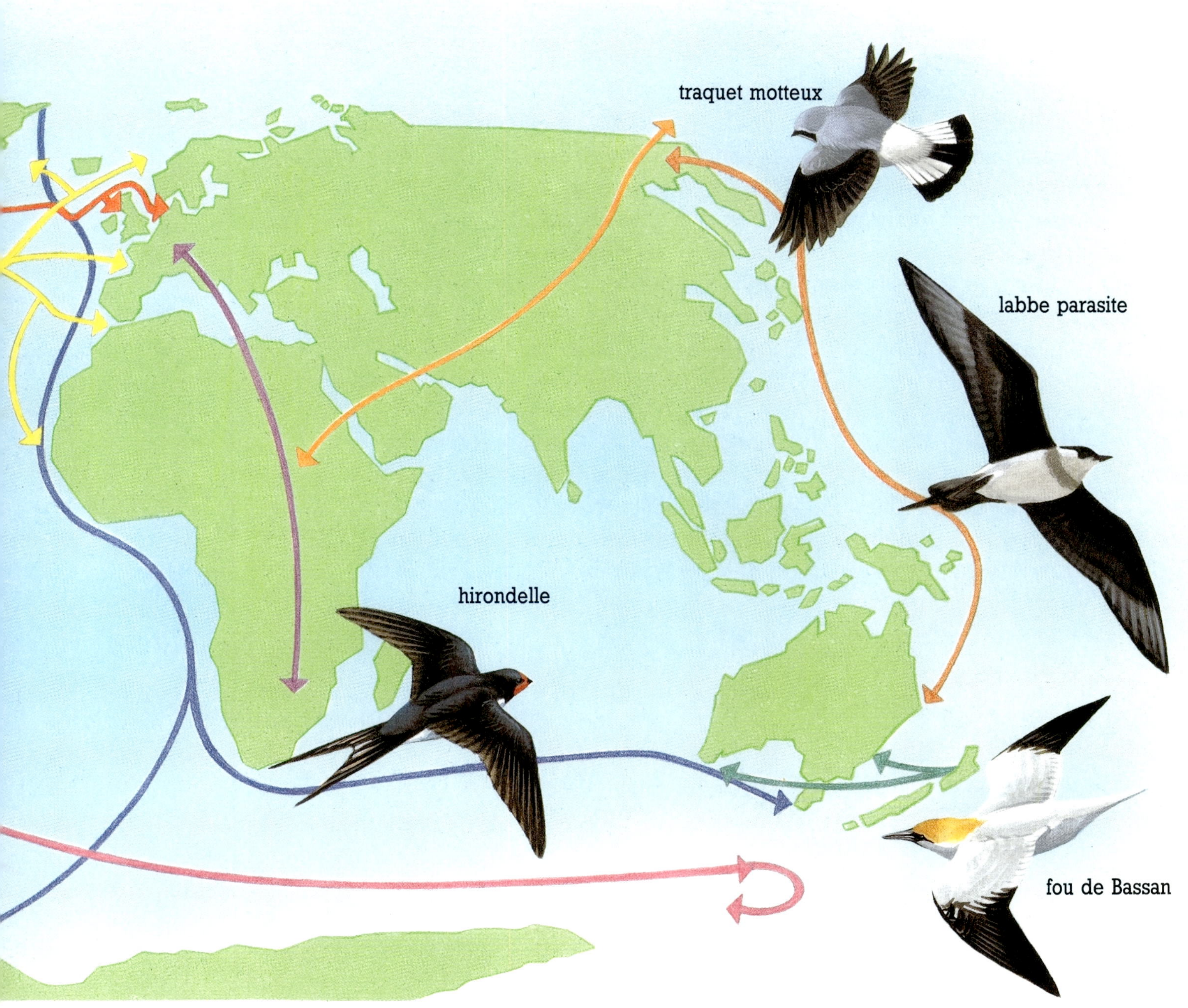

mais regagnent toujours leur lieu de reproduction, sur les côtes du sud de l'Australie. Les troupeaux de gnous, de zèbres et de gazelles suivent les pluies pour trouver de l'herbe fraîche. Au début de l'été, les baleines bleues quittent leurs lieux de reproduction dans les régions tropicales pour les eaux polaires riches en plancton. En Amérique du Nord, des colonies de monarques migrent vers le sud en automne et regagnent le nord au printemps.

Les migrations sont également souvent associées à des habitudes de reproduction. Certains animaux migrent dans une région ou un lieu particulier pour se reproduire. Les langoustes, par exemple, se nourrissent en eaux peu profondes, mais gagnent des eaux profondes pour se reproduire, en migrant sur de longues distances en file indienne. Les anguilles migrent des rivières d'Europe et d'Amérique du Nord pour la mer des Sargasses. Les saumons remontent les rivières jusqu'à leur lieu de naissance lorsqu'ils sont prêts à frayer. Les tortues peuvent parcourir des milliers de kilomètres pour pondre leurs œufs. Les criquets se déplacent en masse et ravagent les cultures.

Les animaux migrateurs, en particulier les oiseaux, les poissons et les baleines, parcourent parfois des milliers de kilomètres.

LE CAMOUFLAGE

De nombreux animaux doivent se cacher pour survivre, et adoptent des couleurs et des formes qui leur permettent de se fondre dans leur environnement. Ils échappent ainsi souvent à leurs prédateurs. Des prédateurs camouflés peuvent également s'approcher de leur proie potentielle sans se faire remarquer.

Les verts et les bruns sont les couleurs les plus courantes dans la nature, et sont ainsi les plus employées par les animaux qui doivent se camoufler. Certaines grenouilles arboricoles sont difficiles à distinguer sur le vert d'une plante tropicale. La couleur ocre du pelage du lion lui permet de demeurer caché dans les herbes sèches de la savane africaine. D'autres couleurs sont employées. L'araignée-crabe aux couleurs vives, par exemple,

peut rester cachée dans une fleur en guettant sa proie.

Dans de nombreux cas, les couleurs des animaux ne sont pas uniformes. Les motifs leur permettent de se fondre dans un environnement comparable, et contribuent souvent à faire disparaître les contours de l'animal, ce qui le rend encore plus difficile à repérer. De nombreux papillons de nuit et de jour, par exemple, ont des ailes mouchetées qui les rendent invisibles sur l'écorce. Grâce à ses rayures, le tigre est difficile à repérer dans la végétation ombragée de la jungle asiatique. Les rayures du zèbre jouent un rôle semblable ; le prédateur peut ainsi difficilement isoler un individu dans un troupeau en déplacement.

Certains animaux vont plus loin et pos-

À droite : cette sauterelle verte des forêts tropicales du Costa Rica se confond facilement avec l'une des feuilles qui l'entourent.

Rayures, taches, couleurs et formes participent au camouflage. Les animaux ne sont ainsi pas repérés par les prédateurs ou les proies potentielles.

chenille de porte-queue

mante

sèdent un corps irrégulier. Le pêcheur des Sargasses, par exemple, a de longues expansions semblables à des algues, qui le rendent presque impossible à discerner des véritables algues où il se dissimule.

Le camouflage sans doute le plus efficace consiste à adopter un déguisement. Les phasmes ressemblent à une brindille ou à un brin d'herbe sèche. Certaines chenilles ressemblent à de courtes brindilles. Au repos, elles dépassent d'une branche, tout comme une véritable brindille. D'autres chenilles se recroquevillent sur des feuilles en prenant l'aspect d'une fiente d'oiseau pour qu'ainsi les oiseaux les ignorent. Certaines chenilles imitent même à la perfection des petits serpents venimeux. D'autres insectes ont l'apparence de feuilles, avec les mêmes dentelures et flétrissures.

AVERTISSEMENTS ET BLUFF

À gauche : les grenouilles venimeuses, ou dendrobates, sécrètent une substance venimeuse cutanée. Leurs couleurs vives (rouge, orange, jaune, bleu et noir) indiquent leur toxicité. Les tribus des forêts tropicales d'Amérique du Sud enduisent leurs flèches de ce venin pour chasser.

guêpe

À gauche : lorsque ce papillon fait soudain apparaître ses énormes « yeux », l'attaquant est surpris, au moins pendant quelques instants, en pensant qu'il a affaire à un animal beaucoup plus gros. Le papillon profite de son hésitation pour s'échapper.

Les animaux venimeux arborent souvent des couleurs vives et des motifs particuliers à titre d'avertissement, pour dissuader les prédateurs de s'attaquer à eux. Dans de nombreux cas, les substances toxiques ne sont pas mortelles, mais elles ont simplement très mauvais goût ou bien risquent de rendre le prédateur malade. Mis en garde, le prédateur éventuel se désintéresse de la proie. Un oiseau qui a essayé de manger une chenille de *Tyria jacobaea*, par exemple, apprend vite à associer leur motif jaune et noir à un goût désagréable et ne s'attaque plus aux autres chenilles de ce type.

D'autres animaux, comme le monarque, la salamandre, et plusieurs grenouilles d'Amérique du Sud (dendrobates) portent des couleurs qui font office d'avertissement. Les motifs noirs et blancs de la mouffette rappellent au prédateur que cet animal peut projeter un liquide nauséabond dans les yeux de l'attaquant. Les motifs noirs et jaunes de la guêpe indiquent qu'elle n'est pas comestible. Plusieurs autres insectes venimeux portent également des motifs

Ci-dessus : les animaux portent des couleurs et des motifs pour avertir, surprendre ou tromper les prédateurs. Dans certains cas, les avertissements sont réels — comme chez la guêpe ou la vipère. Les motifs de la chenille du queue fourchue, en revanche, sont surtout destinés à effrayer l'attaquant. La chenille soulève l'avant de son corps, révélant ainsi son collier rouge et ses faux yeux, et balance ses deux

66

« queues » de façon menaçante. En dernier recours, elle projette de l'acide formique. Les motifs du faux serpent corail sont une ruse. Ce serpent est inoffensif, mais les prédateurs le confondent souvent avec le vrai serpent corail, qui est venimeux. Les « yeux » qui ornent les ailes du paon de nuit, tout autant inoffensif, sont destinés à surprendre les prédateurs.

noirs et jaunes qui renforcent l'avertissement.

Certains animaux comestibles « trichent » et tirent parti des couleurs d'avertissement employées par les animaux venimeux. Les bombyles, par exemple, sont inoffensifs, mais leurs motifs noirs et jaunes, dissuadent souvent les oiseaux de les attaquer.

Les animaux comestibles qui imitent les couleurs des animaux venimeux pratiquent une sorte de bluff. D'autres ont recours à différentes astuces. Certains papillons de jour et de nuit et certaines mantes possèdent de faux yeux, les ocelles, qui peuvent apparaître de façon soudaine. Un prédateur ainsi surpris croit qu'il s'agit d'un animal beaucoup plus grand. Lorsqu'il se rend compte de son erreur, l'insecte a eu le temps de s'échapper.

Quelques animaux ont une fausse tête. Les théclas disposent d'une ocelle et d'une fausse antenne à l'arrière des ailes. L'attaquant vise ce qui semble être la tête, mais perd son repas au moment où le papillon s'envole dans la direction opposée.

ASSOCIATIONS ANIMALES

Tous les animaux vivent en communauté. Dans la plupart des cas, les membres d'une communauté vivent de façon relativement indépendante. Mais certains animaux forment des associations pour augmenter leurs chances de survie.

Le profit que peut en retirer l'animal est variable. À un extrême, on trouve le parasitisme, qui profite à un seul des deux partenaires, l'autre pouvant même en souffrir (voir page 70). À l'autre extrême, il existe les associations au sein desquelles l'un des partenaires est à peine conscient de la présence de l'autre. Certaines mites, par exemple, sont des « auto-stoppeuses ». Elles se fixent sur le corps d'un oiseau ou d'un insecte et sont transportées vers de nouvelles sources de nourriture, sans gêner leur hôte. Le rémora se déplace souvent en fixant son disque suçeur sur le dos d'un requin.

Certains voyageurs sont plus utiles à leur hôte, et une association profitant aux deux partenaires est qualifiée de symbiose. Le héron garde-bœuf voyage sur le dos de l'antilope et la prévient de l'arrivée des prédateurs. Le pique-bœuf se nourrit en débarrassant de leurs parasites l'antilope et d'autres herbivores de la savane. Les anémones de mer se déplacent souvent sur la coquille où vit le pagure ; ce bernard-l'hermite les fixe parfois lui-même sur sa coquille. Dans cette symbiose, le crabe semble bénéficier d'une meilleure protection et les anémones obtiennent probablement une nourriture plus abondante.

On retrouve également les anémones de mer dans d'autres symbioses. Le poisson-clown, par exemple, vit souvent au milieu des tentacules d'une anémone. Le poisson nettoyeur et la crevette nettoyeuse rendent le même type de service que le pique-bœuf en retirant les parasites du corps d'un poisson client.

Les associations entre animaux dont bénéficient les deux partenaires sont relativement courantes. Le poisson nettoyeur, la crevette nettoyeuse et le pique-bœuf débarrassent leurs hôtes des parasites dont ils se nourrissent. Les pagures portent souvent des anémones de mer sur la coquille qui leur sert d'habitat et les poissons-clowns vivent fréquemment entre les tentacules des anémones de mer.

labre sur un
poisson perroquet

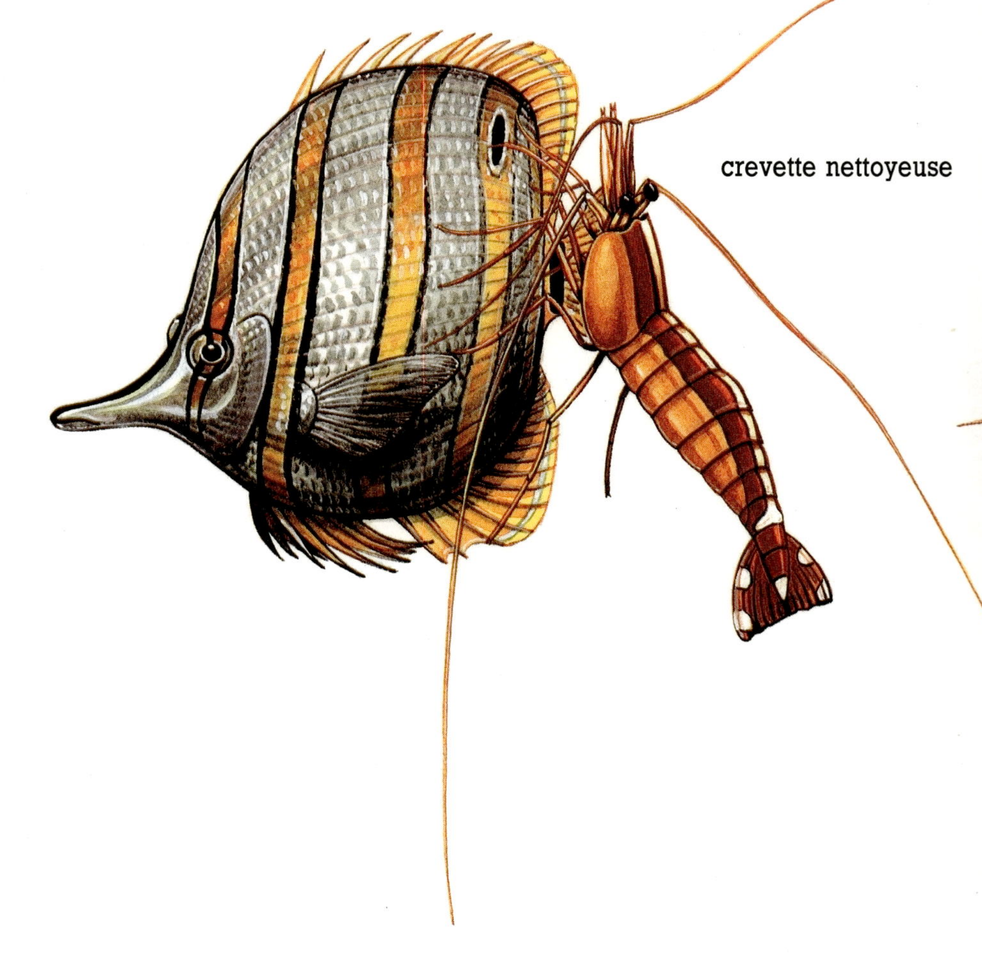

crevette nettoyeuse

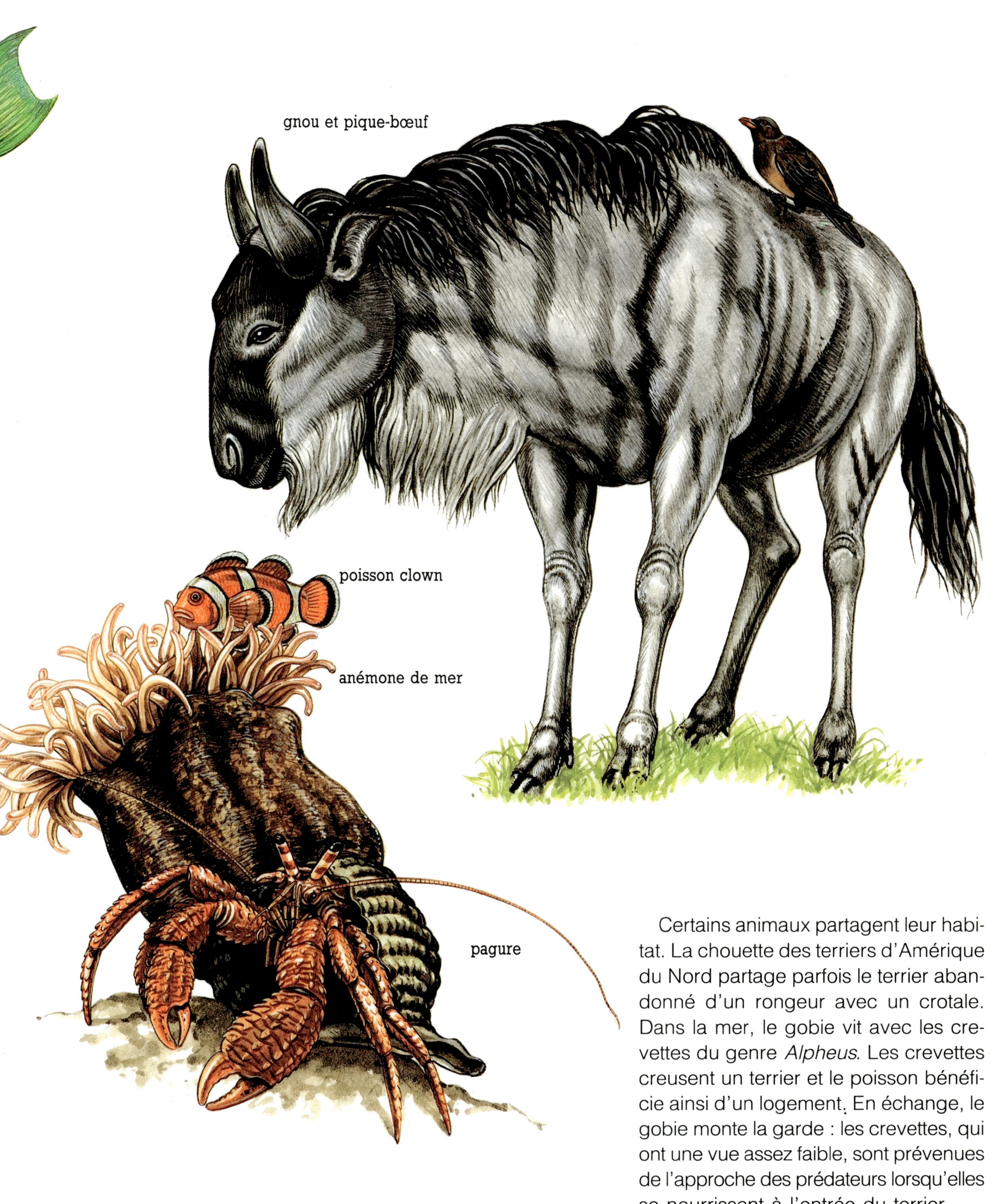

Certains animaux partagent leur habitat. La chouette des terriers d'Amérique du Nord partage parfois le terrier abandonné d'un rongeur avec un crotale. Dans la mer, le gobie vit avec les crevettes du genre *Alpheus*. Les crevettes creusent un terrier et le poisson bénéficie ainsi d'un logement. En échange, le gobie monte la garde : les crevettes, qui ont une vue assez faible, sont prévenues de l'approche des prédateurs lorsqu'elles se nourrissent à l'entrée du terrier.

LES PARASITES

Les animaux se nourrissent de plantes, ou d'autres animaux. Mais certains ont franchi un pas de plus : ils se développent et demeurent de façon plus ou moins permanente dans ou sur le corps d'animaux aux dépens desquels ils vivent. On dit alors que ce sont des parasites.

Le parasitisme est une association unilatérale, c'est-à-dire qu'elle profite à un partenaire seulement. L'autre partenaire, appelé hôte, ne retire rien de l'association et peut même en souffrir. De nombreux parasites finissent par tuer leur hôte.

Presque tous les parasites sont des invertébrés, et leurs hôtes appartiennent généralement aux vertébrés. Parmi les protozoaires parasites, par exemple, on trouve le parasite responsable de la malaria, *Plasmodium*. Il se transmet d'un humain à un autre par les moustiques.

Le groupe des vers plats est presque entièrement composé de parasites, dont le ver solitaire et plusieurs types de trématodes. La plupart des vers ronds vivent de façon indépendante, mais certains sont parasites de végétaux ou d'animaux. L'onchocercose et l'éléphantiasis chez l'homme sont des maladies provoquées par des vers ronds. Tous les exemples ci-dessus sont des endoparasites. Cela signifie qu'ils vivent à l'intérieur du corps de leur hôte.

Les parasites du groupe des annélides, quant à eux, comprennent les sangsues, qui se fixent sur leur hôte dont elles sucent le sang.

Il existe également des parasites chez les arthropodes. Les arachnides (araignées et leurs parents) comprennent

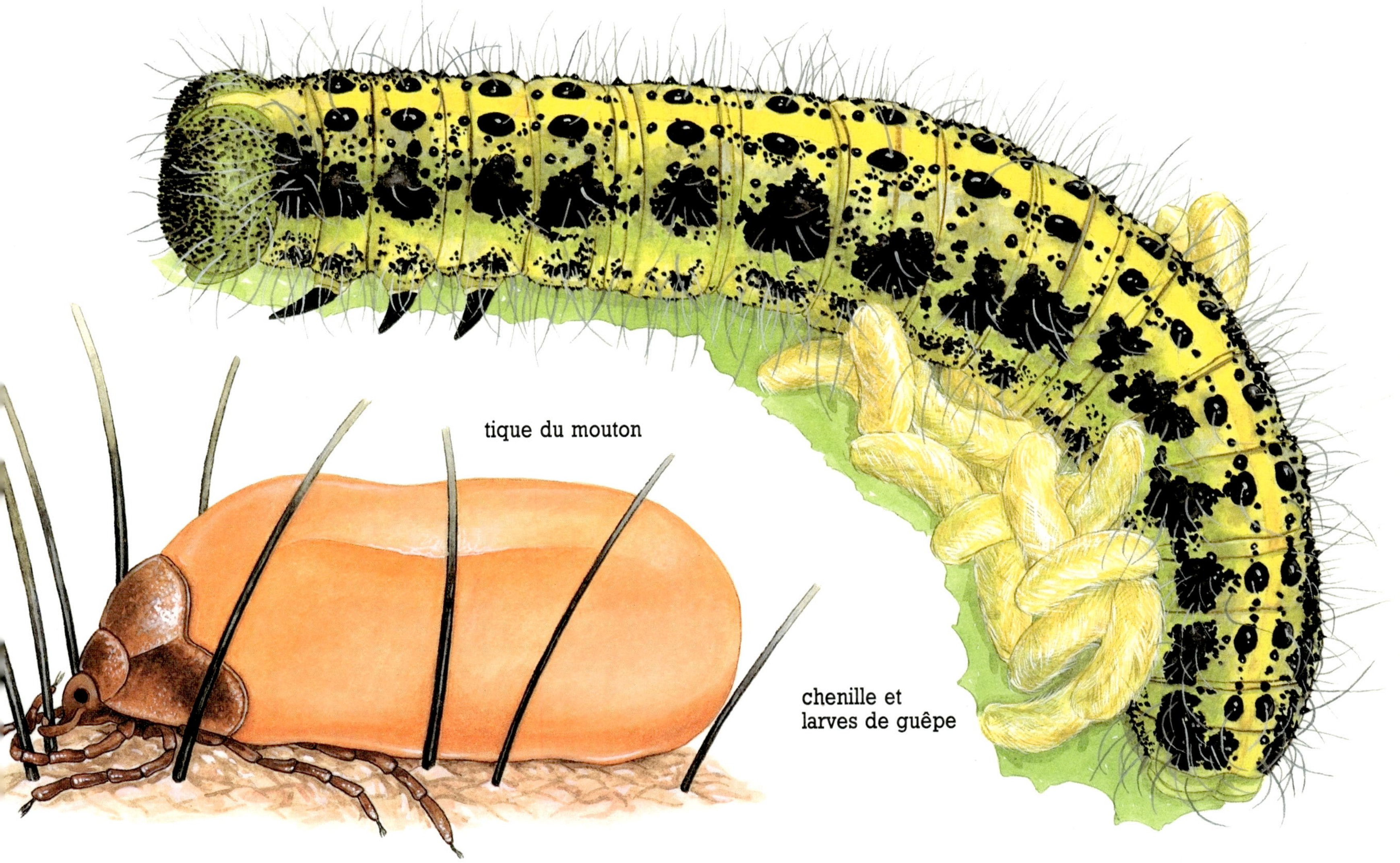

tique du mouton

chenille et
larves de guêpe

notamment la tique suçeuse de sang et un certain nombre de mites parasites. Les copépodes parasites (une sous-classe de crustacés) s'attaquent aux poissons, aux vers et aux mollusques. *Sacculina*, parent des bernacles, est un parasite du crabe. Les puces sont des insectes parasites.

Chez les vertébrés, les seuls véritables parasites sont les lamproies. Elles se fixent au corps des poissons et à l'aide de leurs dents cornées arrachent la chair de leur hôte et sucent son sang.

Il existe également environ 100 espèces d'oiseaux qui pondent leurs œufs dans les nids d'autres espèces et dont la progéniture est élevée par les parents d'hôtes. Le coucou en est un exemple bien connu. Les jeunes coucous sont souvent beaucoup plus gros que leurs parents adoptifs.

Sacculina est un parasite qui envahit tout le corps d'un crabe ; une masse orange, productrice de larves, se forme ensuite sous le crabe. Le ver solitaire est également un endoparasite. Chaque segment parvenu à maturité contient des œufs qui, lorsqu'ils sont éjectés avec l'excrément peuvent infecter d'autres hôtes. Les tiques sont des parasites externes ou ectoparasites qui se nourrissent de sang. La chenille représentée sera peu à peu dévorée par les larves de guêpe.

À gauche : jeune coucou et bergeronnette grise.

LA FAUNE MENACÉE

La faune et la flore sont menacées. À mesure que la population mondiale augmente, les hommes ont un besoin croissant d'espace pour se nourrir et se loger. En même temps, les ressources naturelles sont souvent surexploitées, même lorsqu'elles ne sont pas indispensables, et la façon dont nous produisons de la nourriture et transformons les matières premières est souvent source de pollution.

Les activités de l'homme provoquent ainsi la disparition d'une bonne partie de la faune mondiale. De nombreuses espèces n'existent plus. Beaucoup d'autres sont menacées d'extinction.

Sur l'île Maurice, dans l'océan Indien, par exemple, vivaient des milliers de gros oiseaux appelés dodos, ou drontes. Mais au cours du XVIIe siècle, ces animaux inoffensifs et peu farouches furent tous exterminés par des marins en quête de nourriture. Les drontes ont aujourd'hui disparu.

D'autres animaux disparus ont été chassés uniquement pour leur peau, leur carapace ou quelque autre trophée. Plusieurs espèces de rhinocéros, par exemple, sont aujourd'hui menacées, car les hommes les ont chassées pour leur corne. Les populations de baleines, de tigres, de loutres et de tortues marines ont

Ci-dessous : les tortues marines sont aujourd'hui parmi les espèces les plus menacées. Elles sont chassées en grand nombre pour leur chair, leur carapace ou leurs œufs. Dans le même temps, les sites de nidification sont de plus en plus endommagés par le développement du tourisme. L'espèce représentée ici vit dans l'Atlantique et le Pacifique.

considérablement diminué en raison d'une chasse intensive.

Certains animaux sont menacés par l'introduction de nouvelles espèces dans leur habitat, particulièrement lorsqu'ils vivent sur une île ; dans un tel environnement, les chèvres, les cochons ou les lapins accaparent la nourriture. Des prédateurs, comme les chats, les chiens et les rats, ont souvent été introduits par négligence. Dans de nombreux cas, ils sont responsables de la disparition des espèces locales.

Cependant, la principale raison de l'extinction de nombreuses espèces à travers le monde tient à la destruction de leur habitat. Dans certains cas, l'environnement est endommagé par l'exploitation des ressources. Dans d'autres, il est modifié pour dégager de nouvelles terres arables. Les forêts tropicales du globe, par exemple, sont détruites à un rythme alarmant, et les espèces sauvages ne peuvent survivre dans un territoire morcelé. C'est le cas par exemple des pandas ou des lémuriens.

D'autres milieux, notamment les mers, sont touchés par la pollution ; certaines zones de la Méditerranée sont presque mortes. De nombreux animaux ne trouvent plus leur nourriture et ne peuvent plus se reproduire.

Ci-dessous : les animaux sont gravement menacés par la pollution et la surexploitation des ressources naturelles. Cependant, la destruction des habitats est la principale cause de disparition des espèces.

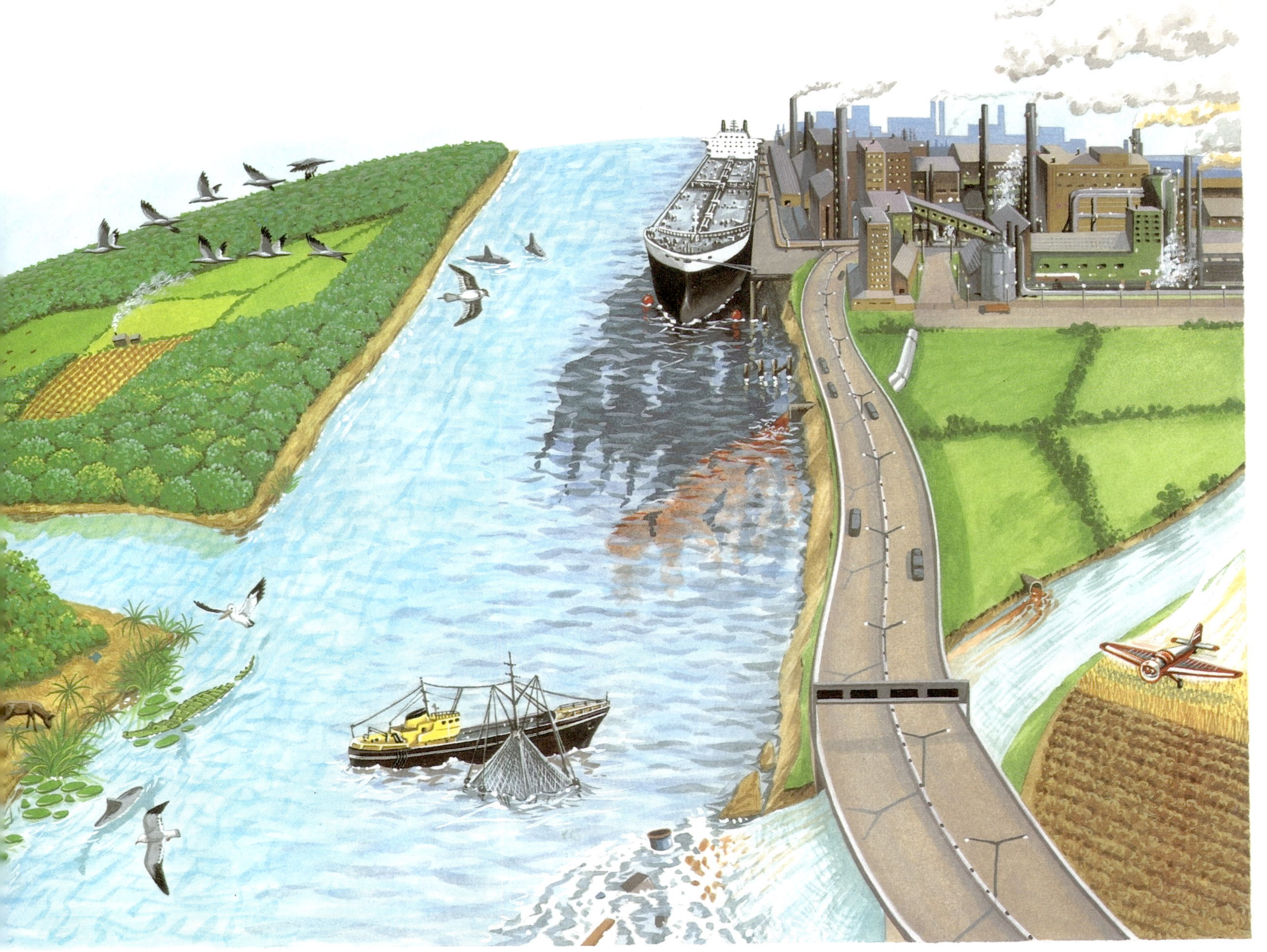

LA PROTECTION DES ANIMAUX

La protection de la nature est devenue une nécessité. Heureusement, nombreux sont ceux qui le savent et sont activement engagés dans la défense des animaux.

Les plantes sont essentielles à la vie. Elles seules peuvent offrir la nourriture nécessaire aux animaux, et par conséquent aux hommes. Les plantes jouent également un rôle de premier ordre dans les processus qui maintiennent la teneur en oxygène de l'atmosphère.

Les plantes dépendent elles-mêmes étroitement d'un écosystème, communauté équilibrée dont les animaux constituent un maillon indispensable. Or, les plantes et les animaux constituent une réserve naturelle de matières et de substances chimiques que l'homme peut exploiter et qui lui sont indispensables. Ainsi, si les hommes ne réussissent pas à protéger les plantes et les animaux de la planète, les conséquences pourraient être désastreuses pour l'humanité.

Des organismes de protection de la faune agissent dans la plupart des régions du monde, notamment là où la faune est particulièrement menacée. Les organisations internationales les plus connues sont l'Union internationale pour la conservation de la nature et de ses ressources (UICN) et le Fond mondial pour la nature (WWF). Certains projets tentent de protéger des espèces particulières, mais de plus en plus on prend conscience du fait que la conservation de la faune passe d'abord par la protection de l'environnement. Dans de nombreux pays, notamment en Afrique et en Asie, il existe aujourd'hui des parcs nationaux et des réserves. Certains accords internationaux visent à réduire

Ci-dessus : la plupart des grandes baleines sont menacées, et des mesures sont prises pour assurer leur protection. Ici, des scientifiques libèrent une baleine à bosse prise au piège dans un grand filet à morue.

la destruction des habitats et interdisent le commerce des plantes et animaux menacés, ou des produits qu'on en tire.

Cependant, les lois ne sont pas toujours respectées et beaucoup reste à faire. L'avenir du monde est entre nos mains, puisque nous contrôlons davantage que n'importe quelle autre espèce ce qui se produit. Nous devons, dans notre propre intérêt et celui des autres espèces avec lequelles nous partageons cette planète, essayer de faire en sorte que la terre ne devienne pas un lieu inhospitalier, nu et peut-être dépourvu de vie.

Ci-dessus : la meilleure façon d'assurer la survie d'une ou plusieurs espèces est de préserver leur habitat. Ici, le bois est taillé pour dégager un habitat convenant aux papillons des bois.

À gauche : un iguane de l'île Isabela dans l'archipel des Galapagos reçoit une douche rafraîchissante. Il est actuellement menacé par les chiens sauvages. On n'a dénombré que neuf individus sur l'île.

INDEX

Les nombres en *italique* renvoient
aux illustrations.

REMERCIEMENTS

PHOTOGRAPHIES

B. & C. Alexander : 43, 74 et 75 (en haut).
Bruce Coleman Ltd. : 12 Jeff Foote ; 17 N. Schwirtz ; 19 (en haut à droite) Kim Taylor ; 33 Kim Taylor ; 39 (en haut) Jane Burton, (en bas) Peter Davey ; 44 Stephen J. Krasemann ; 47 (en haut) Alan Root, (en bas) Kim Taylor ; 52-53 Hans Reinhard ; 54 Frans Lanting ; 57 Rocco Longo ; 61 (en haut) Frans Lanting, (au centre à droite) Kim Taylor ; 62 Leonard Lee Rue III ; 71 Hans Reinhard ; 72 L.C. Marigo ; 75 (en bas) Udo Hirsch.
Oxford Scientific Films Ltd. : 10 Michael Fogden ; 15 Animals Animals Zig Leszczynski ; 19 (en haut à droite) Peter Parks ; 24 Robert Tyrrell ; 26 Anthony Bannister ; 30 Fredrik Ehrenstrom ; 34 Peter Parks ; 36 Michael Fogden ; 40 Mike Brown ; 42 Doug Allan ; 48 J.K. Burras ; 51 David Macdonald ; 58 Mantis Wildlife Films ; 61 (au centre, à gauche) Rudie H. Kuiter, (en bas à gauche) Scott Camazine, (en bas à droite) Michael Fogden ; 65 Michael Fogden ; 66 (en haut et en bas) Michael Fogden.

ILLUSTRATIONS

Garden Studios : 18-19, 37, 49, 50, 55, 56-57, 60-61 Roger Gorringe.
Ian Fleming : 20-21 Brian McIntyre.
Linden Artists : 8-9 Mick Loates ; 12-13 Jane Pickering ; 14-15 Mick Loates ; 22-23 Phil Weare ; 24-25 Derick Bown ; 27 David Webb ; 29 Mick Loates ; 32-33 Stephen Lings ; 34-35 Alan Male ; 38 Stephen Lings ; 40-41 Phil Weare ; 43 David Webb ; 62-63 Stephen Lings ; 64-65 David Webb ; 66-67 Alan Male ; 68-69 Phil Weare ; 70-71 Jane Pickering ; 73 Stephen Lings.
The Maltings Partnership : 11, 16, 17, 26 (en bas), 28 (en bas), 31.